会社も社員も喜ぶ！
「社会保険料」の節減
改訂版

著 安部田ゆかり
Yukari Abeta

同友館

0. プロローグ
大きな節約ポイント見落としていませんか

知らずに損をしている!?

　厚生年金保険料は毎年上がり続け、平成29年には保険料率が18％を超えることが決まっています。また、健康保険料率もほぼ毎年上がり続けており、平成27年4月現在で保険料率は全国平均で10％を超えています。

　ちょっと乱暴な計算になりますが、少なくとも平成29年まで社会保険料率が毎年1％上がり続けるとすれば、社員が20名程度の中小企業では、その負担額の増加分だけでも年間100万円程度以上だと考えられます。

　このままでは「社会保険料倒産」が現実に起こりかねません。社会保険は毎年のように法律が変わっていき、とても煩雑になっています。もしかすると、請求されるとおりに支払っているだけで、本来ならもらうことができる給付をもらわず、損をしている可能性も多分にあります。「知らずに損をしている」としたら大変もったいないことです。

厚生年金の保険料率の推移

期　　間	割　合
平成16年10月分〜平成17年8月分	13.93％
平成17年9月分〜平成18年8月分	14.29％

平成 18 年 9 月分～平成 19 年 8 月分	14.64%
平成 19 年 9 月分～平成 20 年 8 月分	15.00%
平成 20 年 9 月分～平成 21 年 8 月分	15.35%
平成 21 年 9 月分～平成 22 年 8 月分	15.70%
平成 22 年 9 月分～平成 23 年 8 月分	16.06%
平成 23 年 9 月分～平成 24 年 8 月分	16.41%
平成 24 年 9 月分～平成 25 年 8 月分	16.77%
平成 25 年 9 月分～平成 26 年 8 月分	17.12%
平成 26 年 9 月分～平成 27 年 8 月分	17.47%
平成 27 年 9 月分～平成 28 年 8 月分	17.83%
平成 28 年 9 月分～平成 29 年 8 月分	18.18%
平成 29 年 9 月～	18.30%

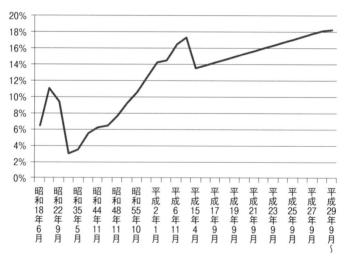

平成 3 年以前の保険料率は月収ベースの男子の保険料率を基準にしています。平成 15 年から総報酬制（賞与でも月給でも同じ保険料率）となりました。（平成 29 年 9 月以降は 18.3％で固定）

退職金制度導入で335万円の節約！

　後で詳しく説明しますが、社会保険料の対象になるのは社員に支払う給与、賞与です。退職金は対象となりません。

　終身雇用制をベースとした日本においては永年勤続を奨励する意味もあり広く行き渡っている制度ですが、現在では、退職までひとつの会社で勤務し続ける人も減ってきましたし、退職給与引当金の廃止、適格年金制度の廃止など、さまざまな要因によりその内容を見直す会社が増えています。

　就業規則で「当社は退職金制度がある」と記載してあれば、どんなことがあっても退職金を支払わなくてはいけません。もし、その会社が倒産しても払えなかった退職金は「未払い給与」と同じ扱いとなります。

　こう書き進めていくと退職金制度は会社にとってお荷物の制度に思えるかもしれませんが、制度そのものをよく検討し、十分準備し導入していけば社会保険料の節約のみならず、コストそのものの削減になります。

【事例①　建材メーカーA社の場合】

> うちは建材メーカーの会社で、社員数は50名です。社員の平均給与が30万円ですが、このうち3万円を退職金として積み立てていったらどのくらい社会保険料は節約されるのでしょうか？

　毎月の給与の一定額を退職金とすることで、その退職金相当額は社会保険料など、源泉所得税の算定賃金から除外されることになります。

　それに伴い社会保険の標準報酬月額の等級が下がれば、社会保険料が軽減されます。

社会保険料の比較

月給		30万円	27万円 (3万円は退職金として積み立て)
社会保険料控除額	1人あたり	84,000 円	78,400 円
	全体(50名)	4,200,000 円	3,920,000 円
年間保険料合計	1人あたり	1,008,000 円	940,800 円
	全体(50名)	50,400,000 円	47,040,000 円

(健康保険料率10.0%、厚生年金保険料率18.0%とする)

一年間で約335万円お得!

　一人ひとりの差額はわずかでも、会社全体で支出する差額は年間335万円にもなります。この会社は新たに退職金制度を導入しただけで年間335万円の社会保険料の節約ができました。
　もし、この会社が「退職金に社会保険料がかからない」ことを知らなかったら、この節約方法に気づかなかったかもしれません。

健康保険組合に加入して160万円の節約!

　健康保険は国が運営している全国健康保険協会(協会けんぽ)と、自社や業界団体で運営している健康保険組合があります。
　どちらも医療費の自己負担割合などの基本的な給付は同じですが、健康保険組合には独自の保養所が利用できるなどの付加的メリットがあります。そして、もっとも大きいメリットは、保険料の安さです。
　協会けんぽの保険料率は都道府県により異なりますが、介護保険料率込みで平均11.5%(平成27年度)、健康保険組合はそれより1〜3%程度低く設定されているのが一般的です。

ある社員数20名程度のソフトウェア開発の会社は、協会けんぽからIT関係の健康保険組合に編入しただけで、年間の保険料を約160万円節約することができました。

　健康保険組合への編入は、いくつか条件はありますが、福利厚生の充実と経費節約が実現できるメリットの多い方法なのです。

【事例②　ソフトウェア開発B社の場合】

> 　うちは社員20名の会社です。最近、うちの会社でも加入できる健康保険組合を見つけました。
> 　うちが健康保険組合に加入した場合いくら節約できるでしょうか？
> 平均の標準報酬月額38万円、賞与などが7月・12月支給分それぞれ38万円です。

協会けんぽとB社が加入検討している健康保険組合の保険料の差額

		協会けんぽ	健康保険組合
社会保険料控除額1人あたり	月額	38,000 円	32,300 円
	賞与(年2回)	76,000 円	64,600 円
	年額	532,000 円	452,200 円
社会保険負担料合計（20名）	月額	760,000 円	646,000 円
	賞与(年2回)	1,520,000 円	1,292,000 円
	年額	5,320,000 円	4,522,000 円
年額(労使合計)		10,640,000 円	9,044,000 円

一般保険料年間差額　約160万円お得！

一人ひとりの差額はわずかでも、会社全体で支出する差額は年間159万6千円にもなります。
　この節約方法は、「健康保険は2種類ある」ということを知ることから始まります。
　たったこれだけのことから、社会保険料節約への一歩が踏み出せるのです。
　もちろん、「知っている」だけでは、節約はできません。でも知らなかったら何も始まらないのです。

実は、社会保険料は税金より高い

　ご存知でしょうか？毎月の給与から、厚生年金・健康保険・雇用保険が控除されていることは周知の事実ですが、この社会保険料を合算すると、実は、税金より多く負担している会社が大半です。社会保険について知識不足で、単に義務感のみで支払っている会社が多いのではないでしょうか。
　「節税」には積極的に取り組んでいる会社でも、「社会保険料の節約」については無頓着なのが実状です。

社会保険料の負担割合（平成27年9月〜）

※東京の場合

	会社負担	被保険者負担	労使合計
健康保険	4.985%	4.985%	9.970%
厚生年金	8.914%	8.914%	17.828%
介護保険	0.765%	0.765%	1.530%
労災保険	0.300%	—	0.300%
雇用保険	0.850%	0.500%	1.350%
合　計	15.814%	15.164%	30.978%

0. プロローグ

社会保険料の負担額（平成27年9月～）

※平均年収500万円の場合

人　数	社会保険料（年間）		
	会社負担	被保険者負担	労使合計
10名	79,070,000円	7,582,000円	15,489,000円
20名	15,814,000円	15,164,000円	30,978,000円
30名	23,721,000円	22,746,000円	46,467,000円
50名	39,535,000円	37,910,000円	77,445,000円

　たとえば、社員20名の企業の場合、労使合計保険料は年間約3,100万円。保険料は毎年上がるので、平成29年には年間約3400万円（約390万円アップ）にもなってしまうのです。

　何も手を付けずに、このまま高い社会保険料を払い続けますか？

保険料節約の必要条件は「知る」・「気づく」・「行う」

　この本は、社会保険料削減を目的としていますが、いきなり削減案のお話しをすることはしません。

　まず、社会保険とはそもそも何なのか、必要な制度なのか、どういう仕組みになっているのかということ「知って」いただきます。

　そして、「社会保険料の節約」についての具体的な方法について説明していきます。ただし、この本に書かれてある方法がすべての会社に対し有効だとは限りません。あなたの会社にはどのような方法が当てはまり、有効なのか、解決の糸口をつかんでいただければ幸いです。

　なお、本書では、健康保険料率10.0％、介護保険料率2.0％、厚生年金保険料率18.0％で計算しております。

目　次

0. **プロローグ**
   大きな節約ポイント見落としていませんか ………………………… 1
   　知らずに損をしている⁉ ……………………………………………… 1
   　退職金制度導入で335万円の節約！ ………………………………… 3
   　健康保険組合に加入して160万円の節約！ ………………………… 4
   　実は、社会保険料は税金より高い …………………………………… 6
   　保険料節約の必要条件は「知る」・「気づく」・「行う」……………… 7

1. **社会保険に加入しないことのリスク** …………………………… 13
   　社会保険って、そもそも何のこと？ ………………………………… 14
   　なぜ強制的に入らなくてはいけないの？ …………………………… 14
   　年金制度はどうやって生まれたの？ ………………………………… 15
   　社会保険に加入しなかったらどうなるの？ ………………………… 16
   　どうして社会保険未加入がバレるの？ ……………………………… 18
   　社会保険の「調査」ってなに？ ……………………………………… 20
   　「調査」では何を調べるの？ ………………………………………… 20
   　「もれ」や「誤り」が多い事例 ……………………………………… 21
   　「調査」でいちばん怖いこと ………………………………………… 25
   　なぜ、調査で「バレる」のか？ ……………………………………… 26
   　社会保険料を払わなかったらどうなる？ …………………………… 27
   　社会保険に加入していないと「助成金」を受給できない？ ……… 29

社会保険料ってどうやって決まるの？……………………………… 31
　　標準報酬月額はいつ決まるの？…………………………………… 31
　　年金は払い損？……………………………………………………… 32

2. あなたの会社は"正確"？　社会保険料のAtoZ ………… 35
　　社会保険料は正確ですか？………………………………………… 36
　　チェック1　正しく申告しているかどうか……………………… 36
　　チェック2　正しく社会保険料を算出しているか……………… 38
　　チェック3　正しく社会保険料を徴収しているか……………… 39
　　チェック4　正しく社会保険料を納付しているか……………… 40
　　これだけは知っておきたい社会保険の仕組み…………………… 43

3. 賃金制度・社内制度を見直して、節約する！ ………………… 57
　　入社日は月初、退職日を月末の前日にする……………………… 58
　　昇給は7月にする…………………………………………………… 60
　　4月～6月は残業をさせない！…………………………………… 66
　　賃金テーブルを工夫する…………………………………………… 68
　　月額給与に含まれない科目を活用する…………………………… 71
　　社会保険料の上限額を利用して節約する………………………… 83
　　賞与を年2回から年1回にする…………………………………… 84
　　賞与を年2回から年4回にする…………………………………… 88
　　年俸制を取り入れる………………………………………………… 93
　　役員の社会保険に関しての節約…………………………………… 95
　　常勤役員を非常勤役員にする……………………………………… 99
　　事前確定届出給与を利用する……………………………………… 102
　　諸手当の支払い時期を変更したら節約に？……………………… 107

休職期間を考える …………………………………………………… 110

4. 会社の状況に合わせたやり方……裏ワザ編 ……………… 113
退職金には「社会保険料」がかからない …………………………… 114
退職金制度について …………………………………………………… 115
退職前払い制度は「社会保険料」がかからない？ ………………… 116
どのくらい、社会保険料が節約できるのか ………………………… 117
「社会保険料」を節約すると年金額が減る？ ……………………… 119
どういう積立方法があるの？ ………………………………………… 124
養老保険で役員の社会保険料の節約！
―そもそも養老保険って？ ………………………………………… 125
どのくらい節約できるのか？ ………………………………………… 126
高年齢雇用継続給付制度を利用する ………………………………… 131
定年までの給与と定年後の収入差は ………………………………… 135
定年後、給与が下がっても社会保険に加入しなくては
いけない人の場合 …………………………………………………… 137
給与と年金額の調整 …………………………………………………… 140
65歳までの最適賃金算出のシミュレーション …………………… 142
業務委託契約を利用する ……………………………………………… 144
業務委託（請負）の落とし穴 ………………………………………… 147

5. 退職金を「積立」て、社員も会社もおトクに
―選択制401kの活用・導入― ……………………………… 149
使える積立方法・使えない積立方法 ………………………………… 150
中小企業退職共済 ……………………………………………………… 150
確定給付年金 …………………………………………………………… 153

確定拠出年金 …………………………………………………… 154
　　いったいどれを選べばいいの？ ………………………………… 156
　　「選択制確定拠出年金」（選択制 401k）とは ………………… 159
　　選択制確定拠出年金に加入するための条件 …………………… 162
　　社会保険料削減のためは、掛金をいくらにすればいい？ …… 168
　　掛金を設定する時の注意 ………………………………………… 169
　　社会保険料はいつから削減できるの？ ………………………… 170
　　その他の税金の削減時期 ………………………………………… 172
　　老齢給付金だけではない確定給付年金 ………………………… 173
　　マッチング拠出について ………………………………………… 176
　　選択制確定拠出年金の特徴（デメリット） …………………… 178
　　選択制確定拠出年金を導入したら
　　　…社会保険料節約シミュレーション ………………………… 180
　　選択制確定拠出年金制度の導入スケジュール ………………… 186
　　導入に至るまでにやること ……………………………………… 186
　　3つの機関、どこから手を付ければいいの？ ………………… 190
　　就業規則など、規程類の見直し ………………………………… 192
　　労使交渉 …………………………………………………………… 198
　　申請書類の作成 …………………………………………………… 198
　　投資教育 …………………………………………………………… 201
　　導入費用 …………………………………………………………… 204
　　社会保険料の節約ではないですが、「節税」のお話 ………… 205

6. エピローグ ……………………………………………………… 213

1. 社会保険に加入しないことのリスク

社会保険って、そもそも何のこと？

ケガや病気、失業、高齢化、労働災害、介護など、私たちが生活する中で困った事態に遭遇したときでも安心して生活が続けられるよう、国などの公的機関が運営する保険制度の総称を「(広義の) 社会保険」といいます。

日本では、**医療保険**、**年金保険**、**介護保険**、**雇用保険**、**労災保険**の5種類の社会保険があります。

ただ、一般的に「社会保険」というものは、医療保険と年金保険、介護保険を指し、雇用保険と労災保険は「労働保険」といって区別をする場合があります。

この本でお話ししたいのは、会社の社会保険料をどうしたら削減できるかということですので、この本で「社会保険」という場合は、特別な場合を除いて健康保険、厚生年金のことだと思って読み進めてください。

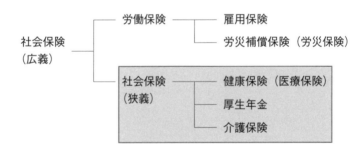

なぜ強制的に入らなくてはいけないの？

社会保険に強制的に加入しなくてはいけなくなったのはいつからだと思いま

すか？

　戦前？戦後？それとも、明治になってから？

　実は、健康保険は昭和36年4月から、年金は昭和61年4月からなんですね。それまでも、社会保険制度というものはあったのですが、「強制加入」ではなかったのです。

　では、いつ、何がきっかけで「強制加入」となったのでしょうか。

　ちょっと、健康保険の歴史をひも解いていきましょう。

　日本の国民健康保険制度は、昭和2年から始まっています。最初は、工場・鉱業に関係するブルーカラーで常勤の労働者だけが対象だったのですが、昭和13年に厚生省が設立されたことをきっかけに、農業・農林・漁業従事者や中小商業者（個人）なども国民健康保険の対象となっていきました。

　戦時中ではそれ相当に国民健康保険は普及されましたが、戦後を迎え、財政事情の悪化に伴って昭和30年頃には、農業や自営業などに従事する人々、零細会社社員を中心に、国民の約3分の1に当たる約3000万人が医療保険の適用を受けない無保険者となっていきました。

　医療保険証を持たないために病院にも行けず、本来なら助かる病気も助からないことが多発してしまい、その時の政府はGHQの指導の下、昭和36年4月に国民皆保険制度を確立し、一種の税として、誰もが保険料を納入することを義務化したのです。

（余談ですが、死亡診断書を書いてもらう時にだけ医者を呼ぶことがあったそうです。それだけまだ日本が貧しかった時代だったのですね。）

年金制度はどうやって生まれたの？

　日本の公的年金制度は、明治9年、年金にあたる「陸軍恩給法」が制度化さ

れた時から始まっています。その後、明治16年、陸海軍人恩給令の制度化、そして官吏恩給法も創設され、昭和14年に船員保険制度が制定されます。当時の船乗りは、一般の人を運ぶよりも戦争のための物資を運ぶことが多かったそうです。

　ここまで読んでこられて、何か気が付きませんか？

　当時の公的年金制度は、「富国強兵」のためのものだった、と思えませんか？

　昭和17年には、一般の労働者にも公的年金制度が拡大していきましたが、年金制度で集めたお金は実は軍事のために使われていました。軍事のための費用捻出のために厚生年金制度が生まれた、という説もあります。私たちの先祖が支払っていた年金保険料の一部は砲台や軍艦になっていたかもしれませんね。

　戦後を迎え、財政事情の悪化、急激なインフレなどにより、年金制度そのものの存在が危ぶまれましたが、昭和36年4月に現在の「国民皆年金体制」が確立されました。

　この時の年金制度の加入は任意でしたが、昭和61年4月からは法律が改正され「強制加入」となりました。

● 社会保険に加入しなかったらどうなるの？

　社会保険の加入義務があるにもかかわらず、その負担の大きさを理由に、社員を加入させない中小零細企業が少なくありません。

　建設業においては40％近くの会社が未加入というデータがあります（平成22年国土交通省「公共事業労務費調査」）。大中小零細企業全体では50％近くが社会保険未加入ではないかと言われています。

　半分くらいの会社が社会保険に入っていないのなら、うちも入るのを辞めようと思っている経営者の方はいませんか？

きっといらっしゃいますよね。

でも、加入しないリスク、結構大きいですよ。

まず、罰則があります。法律では社会保険未加入の会社について6か月以下の懲役または50万円以下の罰金に処されるとの記載があります（現実に適用される例は稀なようですが）。

では、実際のところ、会社が社会保険に加入しないことによる現実的なリスクとは何でしょうか。以下の4つだと考えられます。

(1) 社員が病気などにより休業した際の傷病手当金が支給されない
(2) 社員が大きな怪我、病気をして、障害が残ったとき、障害厚生年金が支給されない
(3) 社員が死亡したとき、遺族厚生年金が支給されない
(4) 行政の調査が入った際に、最大過去2年間遡って保険料を支払わされる

(1)の傷病手当金は、私的な病気やケガで仕事に就けなくなった時に、1年半にわたって概ね給料の3分の2が支給される制度です。実際にお休みすることになった社員にとっては非常にありがたい制度です。

ところがこの傷病手当金は、国民健康保険の加入者には出ません。社会保険独特の制度ですので、社会保険未加入の会社の社員は受給できないのです。

この場合に考えられる会社のリスクは、予期しない多額の支出でしょう。

加入義務のある社員に社会保険を加入させなかったは会社の責任ですので、社員が受け取れるはずであった傷病手当金に相当する金額を自腹で補償する必要があり、社員にその金額相当額の損害賠償を請求されてもおかしくありません。

次に(2)と(3)の障害厚生年金、遺族厚生年金も障害が残った、あるいは

亡くなってしまった社員の社会保険が未加入だった場合、加入していない会社の社員に「厚生年金」がでません。

「国民年金」は出ますが（加入していればですが）、金額はまったく違います。

こちらも会社の賠償責任が問われますが、「年金」であるぶん、受け取る権利のある人が亡くなるまで支給されますので、傷病手当金よりも場合によっては重い金額になりそうです。

そして最も現実的に起こりうるリスクで、しかもけっこう大きい支出になりそうなものが（4）の行政調査です。

年金事務所は、社会保険に関する事務が適正に行われているかを確認するため、定期的に会社に調査を行います。その調査を拒むことはできません。拒否すれば罰則に処されることもあります。

ここで未加入が判明すれば、該当者全員分、最大で2年間遡った保険料の支払いを命じられます。おまけに延滞金までついてきます。

本来、保険料の半額は社員が負担すべきものですが、この場合、「今回2年分の保険料の支払い命令を受けたからその保険料の半額を徴収するよ」と社員に言うのはかなり無理があるのではないでしょうか。ましてや、すでに辞めてしまった社員の分まで徴収するのは至難の業でしょう。

保険は将来起こるかもしれないリスクに対し、一定の資金を出しあって危険を回避する制度です。資金を出さない選択肢をとるのであれば、それなりのリスクがあるということを忘れてはいけません。そして、そのリスクは決して小さいものではないのです。

● どうして社会保険未加入がバレるの？

平成28年からマイナンバー制度が導入されましたね。その制度が導入され

1. 社会保険に加入しないことのリスク

たため、社会保険未加入の会社が判明し、年金事務所から「社会保険の加入について」の通知が届く……と思っていませんか？

マイナンバー制度の導入は始まったばかりだから、うちの会社に調査が入るのはまだ先のことだと考えていませんか？

実は、厚生労働省は平成26年にはすでに、国税庁が持っている企業情報を利用して社会保険未加入の会社を調査し、加入させるという作業に入っています。その調査の結果、全国で80万社程度の会社が社会保険に未加入であることが判明したそうです。

どうしてわかるのかというと、源泉所得税を払っている（＝給与を払っている人がいる）会社なのに、社会保険料を払っていない会社をピックアップしていけば、社会保険未加入の会社はすぐわかりますよね。

国税庁の企業情報を利用するやり方以外でも、登記所へ行って謄本の閲覧をするという方法も取っているようです。実際、登記所の閲覧場所でたくさんの会社の企業情報を手帳に書き写している人たちを見たことがあります。

会社として登記してあるにもかかわらず、社会保険に加入していない会社をピックアップし、順次連絡を取っているようです。

私の事務所にも「年金事務所から厚生年金保険・健康保険の加入についての書類が特定記録で来たんですけど、どうしたらいいですか？」という問い合わせが平成26年の初めからかなりの勢いで増えてきています。

マイナンバーが導入されれば、その番号による一元管理で国税庁が持つ企業の源泉徴収データを日本年金機構が共有（今までは「情報をお借り」していました）できるようになります。源泉徴収税を払っている（＝従業員に給与を払っている）のに社会年金保険料を納めていない企業を簡単に割り出せるようになれば、未加入の会社のあぶり出しに拍車がかかることになりますね。

社会保険の「調査」ってなに？

　年金事務所は社会保険に加入している会社に、保険料の支払いや社会保険に関する事務が正しく行われているかを調査します。会社ごとに3年から5年に1回程度の割合で行われることが多く、年金事務所から呼び出しの通知がきて、指定された日時に調査を受けます。都道府県によっては、加入1年以内にかならず調査が入るところもあります。
　これを「定期調査」といいます。
　また、定時決定時において、算定基礎届の提出を郵送ではなく持参するようにということもあります。この調査はだいたい4年に1回行われています。

「調査」では何を調べるの？

　調査の一番の目的は、社会保険に加入すべき人がきちんと加入しているかを調べるためです。
　調査の主なポイントとして、
- 加入させるタイミングが適切かどうか（試用期間中も社会保険を加入させているか）
- パート・アルバイトのうち、社会保険に加入させなくてはいけない人を加入させているか
- 社会保険料の計算を間違えていないか（昇給、降給した場合にも届出を怠っていないか）
- 賞与が出た時も届出をしているか
- 保険料率を間違えていないか

ということを調べます。

●「もれ」や「誤り」が多い事例

　年金事務所が実施した「平成22年度事業所調査」では、調査した適用事業所（社会保険に加入すべき会社）の4分の3は何も指摘することがなかったのですが、4分の1は指摘する事項がありました。

　指導した事例で、最も「もれ」や「誤り」が多かったのは「賞与支払届出もれ」です。その次は、「資格取得届関係（社員採用時）」、「月額変更届出もれ」、「資格喪失届関係（社員退職時）」となっています。

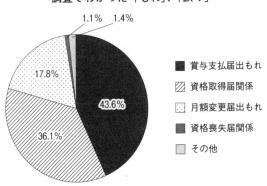

調査でわかった「もれ」、「誤り」

- 賞与支払届出もれ 43.6%
- 資格取得届関係 36.1%
- 月額変更届出もれ 17.8%
- 資格喪失届関係 1.4%
- その他 1.1%

1．社員等の採用時

　被保険者資格取得年月日が、試用期間・見習期間が終了した日の翌日で届け出されている。

試用期間や見習期間は、適用除外事由に該当しません。資格取得年月日は試用期間等も含めた当初の年月日となります。

例）平成 27 年 4 月 1 日から平成 27 年 4 月 30 日まで試用期間で、平成 27 年 5 月 1 日から正式採用の場合
　　→　被保険者資格取得年月日は「平成 27 年 4 月 1 日」となります。

> パートタイマー、臨時雇用（短期間雇用者）社員が被保険者として届け出されていない。

パートなどの短時間勤務者の場合、勤務時間および勤務日数がいずれも正社員のおおむね 4 分の 3 以上の人は資格取得の届出が必要です（「4 分の 3 以上」の判断基準は、あくまでもひとつの目安であって就労形態等を考慮し、総合的に判断されます）。

アルバイトなどの短期間雇用者の場合、雇用期間が継続して 2 か月を超える見込みのある人は最初の日から資格取得の届出が必要です。

例）正社員の勤務時間が 1 日 8 時間、勤務日数が 1 か月 20 日の事業所において、常用的に雇用されるパートタイマーの勤務時間が 1 日 6 時間以上、勤務日数が 1 か月 15 日以上となる場合
　　→　勤務時間・日数が正社員の 4 分の 3 以上となるため、資格取得の届出が必要です。

> 資格取得届の報酬月額が基本給のみの額で届け出されている。

資格取得時の報酬月額は、基本給の他に、通勤手当、役職手当、扶養手当、

1. 社会保険に加入しないことのリスク

住宅手当、残業手当等の諸手当など労務の対償となるすべての報酬を含みます。

例）残業手当が含まれていない
→ 残業手当などは、見込み額を算出し、報酬に加算する必要があります。

例）現物で支給されるものが含まれていない
→ 現物で支給される、食事（給食、食券）、住宅（社宅、寮）、通勤定期券なども報酬に含みます。

2. 社員等の退職時

> 資格喪失年月日が退職年月日で届け出されている。

退職又は死亡した日の翌日が資格喪失年月日となります。

例）退職日が平成27年3月31日の場合
→資格喪失年月日は平成27年4月1日となります。

3. 算定基礎届の提出

> 報酬月額算定基礎届の報酬月額が正しく算定されていない。

算定基礎届の報酬月額については、4月、5月、6月に実際に支払われた給与（支払基礎日数[1]が17日以上の月が対象）を基に計算します。

---

1 支払基礎日数とは、給料計算の対象となる日数をいいます。

例）給与の支払基礎日数は4月が20日、5月が18日、6月が16日の場合
→ 4月・5月に支払われた2か月分の給与で計算します。（6月は、支払基礎日数が17日以上ないため除きます）

4. 給与等が昇（降）給したとき

> 給与額（基本給、住宅手当、家族手当などの固定的賃金）が大きく変動したとき被保険者報酬月額変更届が届け出されていない。

報酬月額変更届は次の3つの条件のすべてに該当する場合に届出が必要です。
(1) 昇（降）給など固定的賃金に変動があった
(2) 変動月以後3か月の報酬の平均月額が従前の標準報酬月額との間に2等級以上の差が生じた
(3) 変動月以後3か月の報酬の支払基礎日数がいずれも17日以上であった

〈固定的賃金の変動の例〉
・昇給（ベースアップ）、降給（ベースダウン）
・給与体系の変更（日給から月給への変更など）
・日給や時間給の基礎単価の変更（日当、単価）
・請負給、歩合給などの単価、歩合率の変更
・家族手当、住宅手当、役付手当など固定的な手当が新たに支給されたり、支給額が変わったりしたとき

5. 賞与などが支払われたとき

> 賞与などが支払われたときに賞与支払届が届け出されていない。

　賞与など[2]が支払われたときには、被保険者賞与支払届総括表及び被保険者賞与支払届の届出が必要です。なお、賞与の支払いがなかった場合には、被保険者賞与支払届総括表に「不支給」の旨の表示を行い届け出してください。

6. 保険料の控除

> 厚生年金保険料などの保険料が給与から正しく控除されていない。

　厚生年金保険料および健康保険料などについては、各届出があった場合や保険料率の変動があった場合は、再度計算をして正しく控除してください。
　調査の結果、間違いが見つかれば訂正するように指導されます。

●「調査」でいちばん怖いこと

　調査の結果、過去に遡って社会保険料を支払わなくてはならないことです。
　本来、就業時間数からいって、加入義務がある社員を加入させていないとなると、入社日や加入の条件を満たした日に遡り、最大2年間の社会保険料の支払いを命じられる危険性があります。
　たとえば、月額3万円程（標準報酬月額22万円）の社員負担がある人の加

---

[2] 賞与などとは、賞与の名称を問わず、被保険者が労働の対償として受けるもののうち、年間の支給回数が3回以下のものをいいます。

入手続きを怠っていた場合、2年間遡ると72万円の負担が発生するわけです。社会保険料は、会社も毎月同額の負担義務がありますから、実際には合計142万円の負担ですね。

　社員負担分に関しては、社員に支払ってもらえばいいかもしれませんが、現実にはそう簡単にはいかないケースもあります。

　先ほども言いましたが、「加入漏れが発覚したから2年間遡って○○万円保険料を支払ってください」と、いきなり会社から言われ、すぐに素直に支払う社員はほとんどいません。

　また、その社員がすでに退職してしまっていて、今現在どこに住んでいるか不明な場合はどうしますか？

　年金事務所に「行方がわからないので本人分は払えません」と言えますか？

　年金事務所は、「社員負担分の徴収と納付の義務はあくまでも会社にありますので、全額会社が負担してください」と言うでしょう。

　結局、社員負担分も含めて会社側が全額負担する、という事態にもなりかねないのです。

　加入漏れの方が複数名いるような場合には、本当に大変な負担になります。

なぜ、調査で「バレる」のか？

　社会保険に加入させなくてはいけないパートタイマーやアルバイトがいることは、「賃金台帳」「出勤簿」「源泉所得税の納付書の控え」などを見ればわかります。

　出勤簿には「出勤日数」「労働時間」が、賃金台帳には「出勤日数」「労働時間」「給与」が書かれてありますよね？

　「賃金台帳に出勤日数や労働時間は書いていないよ」という会社もあるかと

は思いますが、それはダメです。法律で賃金台帳には「出勤日数」「労働時間」を記載しなさいとなっています。(労働基準法施行規則第54条)法律に則った賃金台帳を作っていないと、それだけで「指導」の対象となってしまいますので注意してください。

「出勤日数」「労働時間」の数字を見れば、その会社で働いている人のうち、社会保険に加入しなくてはいけない人、加入しなくても大丈夫な人がわかります。一般的なチェック方法は次の通りです。

まず、「賃金台帳」で社会保険料が控除されていない人をチェックし、次に、「出勤日数」「労働時間」をチェックし、社会保険に加入しなくても大丈夫な人かどうか照合します。

照合で漏れた人がいたら、それは、「社会保険に加入しなくてはいけないのに加入させていなかった人」であることが簡単にわかります。

「じゃあ、見つかるとヤバい人の資料は隠そう！」などと思って社員全員の賃金台帳、出勤簿を提出しなかったとしても無駄です。

「源泉所得税の納付書の控え」に記載されている「給与を支払った人数」「納付金額」が賃金台帳のそれと違っていたらアウトです。

このように、調査ではほとんどのことがバレてしまいます。調査では「ついうっかり」とか「知りませんでした」は残念ながら通りません。

きちんと社会保険に関する知識をつけて、日ごろから適切な対応をすることがいちばんのリスクヘッジ、節約に結びつくのです。

社会保険料を払わなかったらどうなる？

実際どのくらいの会社が滞納しているのでしょうか。
社会保険料の収納率（納付された金額の割合）は97％といわれています。残

りの3％の金額を滞納している事業所のほとんどが中小零細企業です。

　平成23年度の滞納事業所はとうとう18万6805事業所に上り、社会保険に加入している事業所の10％を超えてしまいました。（滞納している金額は全体の3％ですが、滞納している会社数は全体の10％です。）

　払えないから、払いたくないからと言って、何も手を打たなかったら最悪、財産を差し押さえられてしまいます。

　社会保険料は、年金事務所サイドで毎月20日に締め、翌月末日に口座引落する仕組みになっています。

税金もそうですが、だいたい、3か月くらい払わずにほっておくと、年金事務所から督促の電話または督促状が来ます。

　この段階では、基本的には延滞税はかかりませんが、3か月くらいたまると延滞税がかかってきます。年14.6％です。

　それでも、ほっておいた場合は「出頭命令」なるものが送られてきます。

　忙しいからとそれを無視していたら、最後には「財産の差し押えします」となってしまいます。

　ですので、保険料がたまり始めたら、こちらからきちんと連絡し、事情を話して支払計画を立ててください。

毎月2万円でも3万円でもいいから払って誠意をみせることが必要です。

　年金事務所では次ページの要領で滞納者に対峙しています（現実には、もう少しゆるやかなスケジュールで流れていきます）。

1. 社会保険に加入しないことのリスク

年金事務所が考える滞納者に対する流れ（参考）

期日	4月	5月 1週間目	5月 2週間目	5月 3週間目	5月 4週間目	6月	7月	8月
	28 29 30	1 2 3 4 5 6 7	8 9 10 11 12 13 14	15 16 17 18 19 20 21	22 23 24 25 26 27 28 29 30 31			

取組事項：
- 納付期限（月末）
- 口座振替不能確認日（4〜7日頃）
- 電話による納付督励
- 督促状発送（12〜14日頃）
- 督促指定期限（23〜25日頃）
- 呼出による納付督励　1か月　→　来所なし
- 臨場による納付督励　→　約束不履行　1か月　差し押えの通告
- 財産調査（捜索）→ 差し押え予告通知 → 差し押え

● 社会保険に加入していないと「助成金」を受給できない？

　まず、助成金について簡単にお話ししましょう。

　助成金とは、一般的に行政が特定対象者を援助するために支給するお金のことです。たとえば、雇用助成金（雇用調整助成金など）、政党助成金、私学助成金、自治会助成金があります。

　ここでは雇用助成金（以下「助成金」と言います）についてお話しします。

　この助成金は、条件が合えば行政の予算の範囲内ではかならず受給できます。お金の原資は、税金ではなく、会社が支払っている雇用保険料や労災保険料の一部を、助成金として政策に沿う行動をとった企業に還元されるのです。

　雇用関係の助成金は、返済の要らない貰いきりのお金です。貸付金とは違い

ますので、返済が不要のありがたいお金です。

　しかし、助成金の受給にはいくつかのハードルがあり、それをクリアすることが重要です。

　まず助成金の申請には、企業が労働保険（労災保険・雇用保険）に加入していることが必須条件となります。なぜなら、これらの助成金支給の要件に、事業主が労働保険の適用を受け保険料を払っていることがあるからです。

　では、社会保険の加入していることも条件なのでしょうか？

　今までは社会保険の加入は、助成金の支給要件ではありませんでした。ただし、今後は社会保険に未加入の会社に関しては助成金の申請が難しくなる可能性が高いのです。

　ハローワーク経由で人を雇用した際に受給できる助成金、たとえばトライアル雇用奨励金、特定就職困難者雇用開発助成金などは、まず、ハローワークで求人の申込みをしなくてはいけません。

　そのとき、社会保険に加入すべき会社が社会保険に加入していない場合、ハローワークで求人を受理してもらえません。

　今までは、なんらかの理由でまだ社会保険の加入手続をしていない会社でも、助成金を前提とした求人を出すことは可能でした。

　以前は求人の申込みの際、必要があればハローワークでは社会保険への加入を指導していました。この指導を受けた会社が、3か月後の求人の更新や次の求人までに社会保険の加入手続を済ませていない場合、その後の求人の申込みはできなくなっていましたが、それまでの間にハローワークが受け付けた求人で人を雇い入れたことに対する助成金申請はできましたし、審査により要件を満たしていることが確認されれば助成金は支給されていました。

　また、今のところ東京だけですが、雇用調整助成金（中小企業緊急雇用安定助成金）の受給申請の際、ハローワークが「助成金対象者は健康保険・厚生年金の被保険者になっていますか」というアンケートを取っているようです。

雇用保険に加入していれば受給できるはずのこの助成金、なぜこのような項目があるのでしょうか？

おそらく、このアンケートをもとに未加入企業に対し社会保険の加入を促進する「実地調査」を行うのではないでしょうか。

助成金の受給をお考えの会社にとって、社会保険加入は必須になってくることを覚えておいてください。

社会保険料ってどうやって決まるの？

保険料は、皆さんに支払われる給与月額を、一定の幅で区切った、仮の報酬等級に当てはめて決定された「標準報酬月額」を用いて計算されます。本来は、実際に支払われる給与に応じて負担すべきものですが、事務を簡素化にし、正確・迅速におこなえるように、標準報酬という概念を導入しています。

賞与にも保険料がかかります。賞与の場合は給与と違って、賞与額そのものに保険料率をかけます。

標準報酬月額はいつ決まるの？

標準報酬月額の決定のタイミングには、大別して3つあります。

(1) 資格取得時の決定（入社時）
(2) 定時決定（毎年9月）
(3) 随時改定（給与が著しく変更になったとき）

標準報酬月額は、入社時に決定されますが、その後、昇給があったり、場合によっては降給したり、手当に変動があったりするのが一般的です。

　入社時に決まった給与が退職時までずっと変わらないということはほとんどあり得ませんよね。

　そこで、1年に一度、各自の標準報酬月額を実際の給与と見合ったものにするため、標準報酬の改定が行われます。毎年4～6月に支払われた3か月分の給与の平均で決定されます。これを定時決定といい、その年の9月から翌年の8月まで使用します。

　この時決定された標準報酬月額は、その年の9月より改定され、実際は9月分の保険料（10月支給の給与から控除）から変更され、原則的には翌年の8月まで適用されます。

　また、それ以外に給与が昇給または降給により著しく変動したときにも、次の定時決定を待たずに標準報酬月額が改定されます。これを随時改定といいます。

　随時改定は、その年の8月まで使用します。ただし、その年の7月以降に改定された場合は翌年の8月まで使用します。

　固定的賃金（残業代などの非固定的賃金ではありません。）に変動があり、継続した3か月間に支払われた報酬総額を3（か月）で除した額の標準報酬月額を従前と比べ、2等級以上の差が生じたときに改定します。

　これは定時決定まで標準報酬月額を決め直さないと、実態と大きくかけ離れることになるために設けられているものです。

年金は払い損？

　社会保険料を支払いたくないといわれる方の多くは、「納めた保険料が戻っ

1. 社会保険に加入しないことのリスク

てくるか」「払い損ではないか」という疑問を少なからず持たれているのだと思います。

では、簡単に試算してみましょう。

> 私は20歳から厚生年金に加入しています。私の平均年収が750万円で、2歳年下の専業主婦の妻と二人暮らしです。私と妻が平均寿命（男性82歳、女性88歳）まで生きるとして、一体いくら年金をもらうことができるのでしょうか？

厚生労働省の発表値（名目利子率3.2%、賃金上昇率2.1%、物価上昇率1.0%）を使用して試算してみます。

（支払－支給額）を年齢別に試算した表が以下のとおりです。

年金を納付した額（会社負担含む）と実際にもらえるであろう年金額の差額

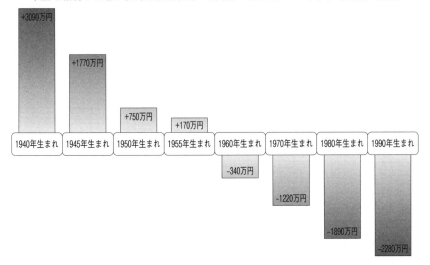

※平均年収750万のサラリーマンが40年間厚生年金に加入し、専業主婦の妻とともに平均寿命まで生きた場合

33

これを見ると「私」が2018年現在で1960年生まれ（58歳）以下の人は払い損ということになります。
　「え！私、今45歳だから払い損じゃん！じゃあ、年金払うの辞めよう」というわけにはいきません。会社員、会社経営者である以上、厚生年金保険は強制加入ですから。
　では、どうしましょうか？
　指をくわえてみていますか？
　それとも、社会保険料を見直しますか？

2. あなたの会社は"正確"？社会保険料の A to Z

社会保険料は正確ですか？

社会保険料を削減するために大事なことは、「知る」「気づく」「行う」です。

さて、ここらであなたの会社が正しく社会保険料を申告、徴収、納付しているか「知る」ことを始めましょう。

チェック１　正しく申告しているかどうか

（１）社員が入社したとき、「健康保険・厚生年金保険　被保険者資格取得届」を出していますか？

この届出により、社員は健康保険と厚生年金保険の被保険者となり、従業員に健康保険の被保険者証が交付されます。入社日から５日以内に手続きをすることとなっていますが、５日を超えても受け付けてくれますので、なるべく早めに手続きを完了してください。手続き後、約２週間で保険証が会社に郵便で送られてきます。

また、「事前」に手続きをすることはできません。あくまでも、「入社の事実」が確認でき次第の手続きとなります。この手続きをした月の分からの社会保険料が発生します。

（２）社員が退社したとき、「健康保険・厚生年金保険　被保険者資格喪失届」を出していますか？

この届出により、社長は健康保険と厚生年金保険の被保険者でなくなります。また、手続きの際、健康保険の被保険者証を添えて手続きをしてください。退社日から５日以内に手続きをすることとなっていますが、５日を超えても受

け付けてくれます。

　こちらも「事前」に手続きをすることはできません。あくまでも、「退社の事実」が確認でき次第の手続きとなります。この手続きを済ませないといつまでもこの社員分の社会保険料を納入し続けていることになります。

(3) パート・アルバイトでも社会保険に加入しなくてはいけない人がいることを確認していますか？

　パート・アルバイトでも社会保険に加入しなければいけない人がいます。下の表に当てはめての確認してください。

労働時間/1週間	労働時間/1か月	社会保険
正社員のおおむね3/4以上	正社員のおおむね3/4以上	強制加入
正社員のおおむね3/4以上	正社員のおおむね3/4未満	加入しなくても可
正社員のおおむね3/4未満	正社員のおおむね3/4以上	加入しなくても可
正社員のおおむね3/4未満	正社員のおおむね3/4未満	加入しなくても可

　その他、上記の表で「加入しなくても可」であっても、以下の5つの条件を全て満たした場合、社会保険に強制加入することとなります。

1. 週の労働時間が20時間以上
2. 賃金が月額88,000円以上（年額1,060,000円以上）
3. 1年以上の継続勤務している、またはする予定
4. 社会保険に加入しなくてはいけない社員（パート、アルバイトも含む）が501名以上の企業（社員の総数が501名以上ではありません。）
5. 学生は除外します。

(4) 賞与を支払った時に「賞与支払届」を出していますか？

　この届出は、被保険者である社員に賞与を支給した場合、支給日から5日以内に手続きをすることとなっていますが、5日を超えても受け付けてくれます。

　この届出内容により保険料や年金の計算の基礎となる標準賞与額が決定されます。

なお、年間4回以上支払われる賞与等については標準報酬月額の対象となるため、この届出を提出する必要はありません。

(5) 毎年「算定基礎届」を出していますか？

毎年、4月・5月・6月に支払った報酬月額を、「被保険者報酬月額算定基礎届」に記入し7月10日までに提出します。これを「定時決定」といいます。

対象者は7月1日現在の全被保険者です。

この届出を元に9月から翌年8月までの社会保険料が決定されます。

(6) 給与が変わった場合、「月額変更届」を出すかどうか確認していますか？

社員の給与が、昇（降）給等の固定的賃金の変動に伴って大幅に変わったときは、毎年1回行う定時決定を待たずに標準報酬月額を見直す必要があるため「被保険者報酬月額変更届」を提出します。これを「随時改定」といいます。

● チェック2　正しく社会保険料を算出しているか

(1) 通勤費を除外して「社会保険料」を計算していませんか？

社会保険の基礎となる報酬に「通勤費」も含まれます。源泉所得税の計算上では、通勤費は「非課税」ですが、社会保険法上では「非課税」ではありません。勘違いしやすいところですので注意してください。

(2) 通勤費が変わったら「社会保険料」を変更していますか？

社会保険の基礎となる報酬に「通勤費」も含まれます。ですので、引っ越しなどで通勤費が変更となった場合、「月額変更届」を出す必要がある可能性があります。

(3) 給与計算ソフトの適宜バージョンアップをしていますか？

　健康保険、厚生年金保険、雇用保険は毎年変更されます。

　給与計算ソフトの保険料の設定は保険料が変更される時期（健康保険、雇用保険は4月、厚生年金保険は9月）にはかならず設定し直してください。

　健康保険は「県、健康保険組合」ごと、雇用保険は「事業の種類」ごとに保険料率が違いますので、こちらも注意してください。

● チェック3　正しく社会保険料を徴収しているか

(1) 入社した月に辞めた社員から「社会保険料」を天引きしていますか？

　入った月に辞めた社員は、1か月間会社にいなかったのだから、社会保険料は発生しないと思っていませんか。

　確かに社会保険料は「月単位」ですが、1か月に満たない場合は「切り捨て」ではありません。

　最後（おそらく唯一）の給与で社会保険料の天引きを忘れていた場合、後からその社員にいただいてください。もし、いただけない場合は、会社が全額（労使折半の「使」の部分も）負担しなくはいけなくなってしまいます。

(2) 今月40歳になる人を確認していますか？

　介護保険料は、40歳に達した日（誕生日の前日）の属する月から健康保険料に上乗せして納付することになります。

　たとえば4月1日生まれの場合は3月から、4月2日生まれの場合は4月から保険料が発生します。

　この保険料は、会社や本人の申請は必要なしに「自動的」に保険料が発生します。（入社時に提出する「健康保険　厚生年金保険　被保険者資格取得届」

の生年月日が記載されていますので、年金事務所サイドで把握できているからです）ですので、会社サイドでキチンと把握して、その社員から介護保険料を徴収していないと全額会社負担となってしまいます。

● チェック４　正しく社会保険料を納付しているか

「保険料納入告知額・領収済額通知書」と「賃金台帳」が合っていますか？

　社会保険料はその月の分を翌月末日（末日が休日の場合はその翌日）に自動引き落としされます。したがって、前月の賃金台帳と今月末に引き落とされる納入告知額が一致していれば正しいことになります。

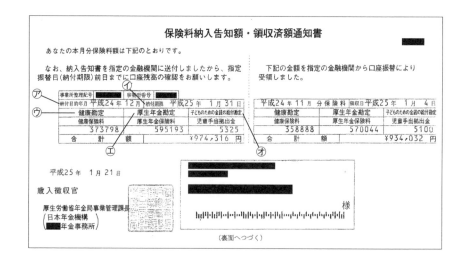

《保険料納入告知額・領収済額通知書の見方》

　左半分は、今月末に引き落とされる金額が通知されています。

　右半分は、先月末に引き落とされた金額が通知されています。通帳を確認し

てみてください。この金額が引き落とされているはずです。

⑦「納付目的年月日」

引き落とされる保険料が何年何月のものかが記載されています。社会保険上での「●月」分というのは、●月に引き落としをするという意味ですので、たとえば、4月1日から4月30日分の給与を5月25日に支払った場合、ほとんどの会社では4月の給与としていますが、社会保険上では5月の給与となります。社会保険は「支払いベース」で考えます。

④「納付期限」

「納付納付目的年月日」の保険料を納付する期限です。

⑦「健康勘定」

引き落とされる金額のうち、健康保険料（介護保険料も含む）の部分の金額です。社員から天引きした健康保険料と会社が負担する健康保険料が合算された金額です。

④「厚生年金勘定」

引き落とされる金額のうち、厚生年金保険料の部分の金額です。社員から天引きした健康保険料と会社が負担する健康保険料が合算された金額です。

④「子どものための金銭の給付勘定」

子ども手当などの支給に要する費用の一部である「児童手当拠出金」金額です。この勘定は全額会社負担ですので、社員の給与から天引きされることはありません。

《納入告知書と賃金台帳の照合方法》

納入告知書と賃金台帳の金額を単純に比較するだけでは足りません。

おそらく、数円合わないはずです。

実は、「健康勘定」「年金勘定」の金額は、社員一人ひとりの保険料を合算したものではなく、社員各々の標準報酬月額の合計に、保険料率を掛けたものな

のです。

　また、「給付勘定」は全額会社負担なので、賃金台帳に記載されない部分です。
では、具体的にどうすればいいのでしょうか？
　まず、どのくらい合わないか確認してみましょう。

納入告知額と賃金台帳の数字の比較

項　目	安藤さん	伊藤さん	太田さん	川上さん	合計
総支給額	425,000円	332,000円	650,000円	1,200,000円	2,607,000円
健康保険標準報酬月額	440,000円	340,000円	650,000円	1,210,000円	2,640,000円
厚生年金標準報酬月額	440,000円	340,000円	620,000円	620,000円	2,020,000円
社員負担健康保険料	22,000円	17,000円	32,500円	60,500円	132,000円
会社負担健康保険料	22,000円	17,000円	32,500円	60,500円	132,000円
社員負担厚生年金保険料	39,600円	30,600円	55,800円	55,800円	181,800円
会社負担厚生年金保険料	39,600円	30,600円	55,800円	55,800円	181,800円

【社員ひとりひとりの保険料から計算する場合】
健康保険料：132,000円＋132,000円＝264,000円
厚生年金保険料：181,800円＋181,800円＝363,600円
合計：264,000円＋363,600円＝627,600円……①

【標準報酬月額から計算する場合】
健康保険料：2,640,000円×10％＝264,000円
厚生年金保険料：2,020,000円×18％＝363,600円
自動手当拠出金＝2,020,000円×0.15＝3,030円
合計：264,000円＋363,600円＋3,030円＝630,630円……②

　①と②の金額を比べてみると微妙に金額が違います。

　本書では、健康保険料率10％、厚生年金保険料率18％と「キリの良い数字」で計算しておりますので①と②の数字に差はほとんどありません。

　しかし、実際の保険料率は9.98％とか18.288％などというように「キリの良い数字」でありませんので①と②では児童手当拠出金相当額以上の差が出てき

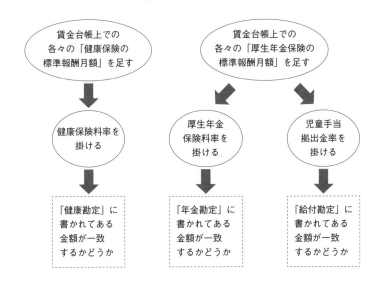

ます。

　正しく社会保険料を納付しているかを調べるには、次の要領でチェックしてみてください。

　金額は一致しましたか？

これだけは知っておきたい社会保険の仕組み

どうしても知っておいていただきたい言葉について簡単にご説明します。
　これらの言葉はこれから先も何度も出てきますので、ぜひ押さえておいてください。

健康保険の目的

　健康保険制度は、会社員の業務外の事由による疾病、負傷もしくは死亡また

は出産およびその被扶養者の疾病、負傷、死亡、出産に関して保険給付を行い、もって国民の生活の安定と福祉の向上に寄与することを目的としています。

厚生年金保険の目的

労働者の老齢、障害または死亡について保険給付を行い、労働者およびその遺族の生活の安定と福祉の向上に寄与することです。

健康保険の保険者

保険事業の経営主体として、保険給付などの業務を行う者のことです。
全国健康保険協会および健康保険組合の2つが該当します。
全国健康保険協会…健康保険法に基づき、平成20年（2008年）10月1日に設立された厚生労働省所管の特別の法律により設立された法人（公法人）です。民間企業に働く会社員で、勤務先が健康保険組合に加入していない場合、国民皆保険の原則から、被用者は全国健康保険協会（愛称「協会けんぽ」）に加入することとなっています。
健康保険組合…全国健康保険協会に代わって国が行う健康保険事業を代行する法人（公法人）です。常時700人以上の社員がいるか、または同種・同業の事業所が集まって3,000人以上いる場合は、事業主の申請により厚生労働大臣の認可を受けて、健康保険組合を設立し、保険料の徴収、給付などを政府に代わって独自で運営することができます。一般的に、全国健康保険組合よりは保険料も安く、手厚い保険給付を受けることができます。

厚生年金保険の保険者

保険事業の経営主体として、保険給付などの業務を行う者のことです。
年金保険の保険者は、政府と各厚生年金基金です。

健康保険の被保険者

　強制適用事業所、任意適用事業所に使用される者で、「適用除外」に該当する者以外の者。

厚生年金保険の被保険者

・強制適用事業所に使用される者で70歳未満の者
・70歳になっても受給権（年金をもらう権利。10年以上年金に加入しないと発生しない）がない者（受給権が発生するまで）
・強制適用事業所以外に使用される者で70歳未満の者（認可が必要）

被保険者になれない人（適用除外）

・日々雇用される者で1か月未満の者
・2か月以内の期間を定めて使用される者
・季節的業務（4か月以内）に使用される者
　（具体的には、夏の間だけ設営される「海の家」、冬の間だけ設営される「スキー場」で使用される者、造り酒屋の杜氏など）
・臨時的事業の事業所（6か月以内）に使用される者
　（具体的には、「万国博覧会」「オリンピック」で使用される者など）
・船員保険の強制被保険者
・事務所で所在地が一定しないものに使用される者（具体的には、「サーカス」で使用される者、旅芸人など）
・国民健康保険組合の事業所に使用される者
・後期高齢者医療の被保険者（75歳以降の人）
・所定労働時間が一般社員の4分の3程度の人
・個人事業所の事業主

健康保険の被扶養者

　被用者保険の被保険者によって生計を維持されている者で、保険者の認定を受けることにより被扶養者として認定された人。

　被扶養者として認定される条件としては、
・被保険者から３親等内の親族（血族の配偶者も含む）
・年収130万円未満（60歳以上の者等については年収180万円未満）で、被保険者の年収の２分の１を超えないこと
・父母、配偶者、子、孫、祖父母、弟妹以外の者の場合は同一世帯に属していること
・父母、配偶者、子、孫、祖父母、弟妹で同居していない場合は被保険者から生活可能な額の仕送りを受けていること
・後期高齢者医療の被保険者（75歳以降の人）でないこと
があります。

　被扶養者に保険料の負担はなく、被扶養者の有無、増減で被保険者の保険料に変動はありません。

厚生年金保険の被扶養者

　正確には「被扶養者」ということではありませんが、「国民年金の第３号被保険者」がこれに該当します。これは、厚生年金、共済組合に加入している夫（妻）に扶養されている20歳以上60歳未満の妻（夫）（年収が130万円未満の人）を第３号被保険者といいます。保険料は、夫（妻）が加入している厚生年金や共済組合が一括して負担しますので、個別に納める必要はありません。第３号被保険者に該当する場合は、会社に届け出る必要があります。

強制適用事業所

次のいずれかに該当する事業所
・1人でも社員を雇っている国、地方公共団体、法人である事業所
・常時5人以上の社員を使用する飲食業、サービス業、農林漁業など以外の個人事業所

任意適用事業所

次のいずれかに該当する事業所で厚生労働大臣の認可を受けた事業所のこと。
・5人以上の社員を雇っている飲食業、サービス業、農林漁業などの個人事業所
・常時5人未満の社員を使用する個人事業所

報酬

　社会保険法上において「報酬」とは、賃金、給料、俸給、手当、賞与その他いかなる名称であるかを問わず、労働者が、労働の対償として受けるすべてのものをいいます。ただし、臨時に受けるものおよび3か月を超える期間ごとに受けるものは、この限りではありません。
　なぜ、常識的なことをわざわざここに記載するかというと、会社から私たちが「報酬」だと思っているものが社会保険上では「報酬」にならないこともあるからです。
　たとえば、「大入り袋」や「結婚祝い金」などは一見報酬とみえますが、社会保険の世界では報酬ではありません。
　特に、標準報酬月額を決定するときには「報酬に入るか」「報酬に入らないか」が重要となってきます。「報酬になるもの」「報酬にならないもの」は次のように分別されます。

	金銭で支給されるもの		現物で支給されるもの	
報酬となるもの	基本給（月給、週給、日給）家族手当、住宅手当、通勤手当、食事手当、役付手当、職階手当、早出手当、残業手当、皆勤手当、能率手当、生産手当、休業手当、育児休業手当、介護休業手当、各種技術手当、特別勤務手当、宿日直手当、勤務地手当など、年4回以上支給の賞与など		食事、食券など 社宅、独身寮など 通勤定期券、回数券 給与としての自社製品など	
報酬とならないもの	労働の対象とされないもの	解雇予告手当、退職金手当結婚祝金、災害見舞金、病気見舞金、年金、恩給、健康保険の傷病手当金、休業補償給付、内職、副業で得る収入	食事	本人からの徴収金額が、標準価格により算定した額の2/3以上の場合
	臨時に受けるもの	大入袋　出張旅費	住宅	本人からの徴収金額が、標準価格により算定した額以上の場合
	年間を通じて3回まで支給されるもの	年3回まで支給される賞与	被服	事務服、作業服等の勤務服など

標準報酬月額

　納める保険料の額を決定したり年金受給額を決定したりする際に、事務処理を簡略化するため、計算の元になる給与を1円単位で考えるのではなく、区切りのよい幅で区分した「標準報酬月額」というものを使用します。

　給料296,400円ならば標準報酬月額300,000円、給料427,880円ならば標準報酬月額440,000円という具合です。

　健康保険と厚生年金保険では、上限と下限が違います。

　【健康保険】下限：58,000円　上限：1,390,000円

　【厚生年金保険】下限：98,000円、上限：620,000円

標準報酬月額等級区分表

等級		報酬月額	標準報酬	等級		報酬月額	標準報酬
健	年	以上～未満	月額	健	年	以上～未満	月額
1	1	0～63,000円	58,000円	26	22	370,000～395,000円	380,000円
2	1	63,000～73,000円	68,000円	27	23	395,000～425,000円	410,000円
3	1	73,000～83,000円	78,000円	28	24	425,000～455,000円	440,000円
4	1	83,000～93,000円	88,000円	29	25	455,000～485,000円	470,000円
5	1	93,000～101,000円	98,000円	30	26	485,000～515,000円	500,000円
6	2	101,000～107,000円	104,000円	31	27	515,000～545,000円	530,000円
7	3	107,000～114,000円	110,000円	32	28	545,000～575,000円	560,000円
8	4	114,000～122,000円	118,000円	33	29	575,000～605,000円	590,000円
9	5	122,000～130,000円	126,000円	34	30	605,000～635,000円	620,000円
10	6	130,000～138,000円	134,000円	35	30	635,000～665,000円	650,000円
11	7	138,000～146,000円	142,000円	36	30	665,000～695,000円	680,000円
12	8	146,000～155,000円	150,000円	37	30	695,000～730,000円	710,000円
13	9	155,000～165,000円	160,000円	38	30	730,000～770,000円	750,000円
14	10	165,000～175,000円	170,000円	39	30	770,000～810,000円	790,000円
15	11	175,000～185,000円	180,000円	40	30	810,000～855,000円	830,000円
16	12	185,000～195,000円	190,000円	41	30	855,000～905,000円	880,000円
17	13	195,000～210,000円	200,000円	42	30	905,000～955,000円	930,000円
18	14	210,000～230,000円	220,000円	43	30	955,000～1,005,000円	980,000円
19	15	230,000～250,000円	240,000円	44	30	1,005,000～1,055,000円	1,030,000円
20	16	250,000～270,000円	260,000円	45	30	1,055,000～1,115,000円	1,090,000円
21	17	270,000～290,000円	280,000円	46	30	1,115,000～1,175,000円	1,150,000円
22	18	290,000～310,000円	300,000円	47	30	1,175,000～1,235,000円	1,210,000円
23	19	310,000～330,000円	320,000円	48	30	1,235,000～1,295,000円	1,270,000円
24	20	330,000～350,000円	340,000円	49	30	1,295,000～1,355,000円	1,330,000円
25	21	350,000～370,000円	360,000円	50	30	1,355,000円～	1,390,000円

標準賞与額

実際に支払われた賞与額の 1,000 円未満の端数を切り捨てたものです。標準報酬月額とは違い、「区切り」ではなく「1,000 円未満切捨」です。

健康保険の標準賞与額の上限

1 年間で 540 万円以上支払われた賞与は、それ以上支払われたとしても 540 万円として健康保険料を計算します。

厚生年金保険の標準賞与額の上限

「1 年」で考えるのではなく「回数」で考えます。

1 回で 150 万円以上支払われた賞与は、それ以上支払われたとしても 150 万円として厚生年金保険料を計算します。

1 回 200 万円の賞与が 2 回支払われた場合、健康保険料は、400 万円×保険料率ですが、厚生年金保険料は 150 万円×保険料率× 2 回となります。

定時決定（算定基礎届の提出）

被保険者の実際の報酬と標準報酬月額との間に大きな差が生じないよう、会社は、7 月 1 日現在で使用している全被保険者の 3 か月間（4～6 月）の報酬月額を算定基礎届により届出し、厚生労働大臣は、この届出内容に基づき毎年 1 回、標準報酬月額を決定し直します。これを定時決定といいます。

決定し直された標準報酬月額は、9 月から翌年 8 月までの各月に適用されます。

《定時決定時の標準報酬月額の決定方法》

毎年、7 月 1 日現在で使用される全被保険者について、同日前 3 か月間（4 月、5 月、6 月、いずれも支払基礎日数 17 日以上）に受けた報酬の総額をその期間の総月数で除して得た額を、報酬月額として標準報酬月額を決定します。

4月	報酬
5月	報酬
6月	報酬

報酬総額
(4月+5月+6月)
÷3
＝報酬月額

　ただし、算定基礎届で届出する報酬月額は、支払基礎日数が17日以上あるものに限られます。17日未満の月は、報酬が通常の月とかけはなれる場合があるため、算定の対象外とされています。

　たとえば、5月の支払基礎日数が17日未満であった場合は、4月と6月の2か月で算定されることとなります。

　日給制の場合は、出勤日数が支払基礎日数となります。月給制や週給制の場合は、給料計算の基礎が暦日により日曜日などの休日も含むのが普通であるため、出勤日数に関係なく暦日数によります。

随時改定（月額変更届の提出）

　被保険者の報酬が、昇（降）給等の固定的賃金の変動に伴って大幅に変わったときは、定時決定を待たずに標準報酬月額を改定します。これを随時改定といいます。

　随時改定は、次の3つの条件をすべて満たす場合に行います。
(1)　昇給または降給等により固定的賃金に変動があった
(2)　変動月からの3か月間に支給された報酬（残業手当等の非固定的賃金を含む）の平均月額に該当する標準報酬月額と、これまでの標準報酬月額との間に2等級以上の差が生じた
(3)　3か月とも支払基礎日数が17日以上である

　決定された標準報酬月額は、6月以前に改定された場合、再び随時改定等が

ない限り、当年の8月までの各月に適用されます。

また、7月以降に改定された場合は、翌年の8月までの各月に適用されます。

《固定的賃金とは》

随時改定の条件には、固定的賃金に変動があることが必要です。

固定的賃金とは、支給額や支給率が決まっているものをいいますが、その変動には、次のような場合が考えられます。

- 昇給（ベースアップ）、降給（ベースダウン）
- 給与体系の変更（日給から月給への変更等）
- 日給や時間給の基礎単価（日当、単価）の変更
- 請負給、歩合給等の単価、歩合率の変更
- 住宅手当、役付手当等の固定的な手当の追加、支給額の変更

〈例〉

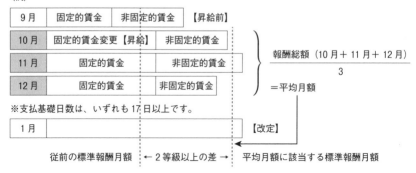

《随時改定しなくてはいけないのか迷う例》

・休職し、賃金が減額または0円になった場合

休職による休職給を受けた場合は、固定的賃金の変動には該当しないため、随時改定の対象とはなりません。また、病気などで会社を休職し、固定

賃金が0円となった場合もこれにあたります。

・一時帰休（レイオフ）した場合
　一時帰休（レイオフ）のため、継続して3か月を超えて通常の報酬よりも低額の休業手当等が支払われた場合は、固定的賃金の変動とみなし、随時改定の対象となります。
　また、一時帰休が解消され、継続して3か月を超えて通常の報酬が支払われるようになった場合も随時改定の対象となります。

《随時改定にならない場合》
・固定的賃金は上がったが、残業手当等の非固定的賃金が減ったため、変動後の引き続いた3か月分の報酬の平均額による標準報酬月額が従前より下がり、2等級以上の差が生じた場合
・固定的賃金は下がったが、非固定的賃金が増加したため、変動後の引き続いた3か月分の報酬の平均額による標準報酬月額が従前より上がり、2等級以上の差が生じた場合

《特別な例》
　随時改定は、固定的賃金の変動月から3か月間に支給された報酬の平均月額に該当する標準報酬月額と従前の標準報酬月額との間に2等級以上の差が生ずることが条件ですが、標準報酬月額等級表の上限または下限にわたる等級変更の場合は、2等級以上の変更がなくても随時改定の対象となります。

(ア) 厚生年金保険の場合

ケース	従前の標準報酬月額	報酬の平均月額	改定後の標準報酬月額
昇給の場合	29等級（590千円）	635千円以上	30等級（620千円）
	1等級（98千円）で報酬月額93千円未満	101千円以上	2等級（104千円）
降給の場合	30等級（620千円）で報酬月額635千円以上	605千円未満	29等級（590千円）
	2等級（104千円）	93千円未満	1等級（98千円）

(イ) 健康保険の場合

ケース	従前の標準報酬月額	報酬の平均月額	改定後の標準報酬月額
昇給の場合	49等級（1,330千円）	1,355千円以上	50等級（1,390千円）
	1等級（58千円）で報酬月額53千円未満	63千円以上	2等級（68千円）
降給の場合	50等級（1,390千円）で報酬月額1,245千円以上	1,355千円未満	49等級（1,330千円）
	2等級（68千円）	53千円未満	1等級（58千円）

※平成30年現在の等級

健康保険の保険給付

　病気や怪我をして病院等で受けるとき、出産、死亡などのときに健康保険から給付を受けます。

　仕事上や通勤途中で起きた病気や怪我は健康保険を使って治療を受けることはできません。この場合は労災保険を使って治療します。

　また、自殺未遂のときの治療に関しても健康保険を使うことはできませんし、傷害事件で受けた怪我に関しても同様です。ただし、自殺、傷害事件でも死亡した場合に限って保険給付を受けることができます。

給付の種類		給付の内容
病気・怪我をしたとき	療養の給付 家族療養費	保険医療機関の窓口に被保険者証を提示すれば、必要な治療を受けられる。 ※一部負担金＝医療費の3割、ただし、小学校就学前までは医療費の2割＋標準負担額
	入院時食事療養費	入院した場合、食事療養の給付（給食）を受けられる。
	入院時生活療養費	70歳以上の被保険者・被扶養者が療養病床に入院したとき、光熱水費と食費相当額の費用が給付される。
	保険外併用療養費	先進医療など評価療養を受けたとき、特別室への入院や保険外の歯科材料の使用などの選定療養を受けたときは、評価療養・選定療養の医療費は自費負担となるが、一般医療と共通する部分は、健康保険で受けられる。
	訪問看護療養費 家族訪問看護療養費	在宅の末期がん患者、難病患者等である被保険者または被扶養者が、訪問看護を受けられる。
	療養費 第二家族療養費	やむを得ず保険医療機関以外の医療機関にかかったときの医療費、コルセット・ギプス・義眼等の治療用装具代等の医療費などは、患者が一時立て替え払いし、保険者の承認を得れば一定基準の現金が払い戻される。
	移送費 家族移送費	療養のため転院等をするとき、歩行困難な場合の移送に要した費用（交通費）は患者が一時立て替え払いし、保険者の承認を得れば一定基準の現金が払い戻される。
	高額療養費	被保険者または被扶養者が同一医療機関において1人1か月の自己負担額が一定の額を超える場合に支給される（低所得者の方は、35,400円を超えた額）。また、世帯合算、多数該当等の特例で支給される場合もある。
	傷病手当金	被保険者が療養のため3日以上連続して仕事を休み、給料を受けられないとき、4日目から休業1日につき標準報酬日額の3分の2が、1年6か月の範囲内で支給される。
出産したとき	出産育児一時金 家族出産育児一時金	被保険者または被扶養者である家族の妊娠4か月（85日）以上の出産について、分べん（生産・死産・早産・流産）したとき一時金が支給される。

	出産手当金	被保険者が出産のため仕事を休み、給料を受けられないとき、出産の日（予定日より遅れたときは予定日）以前42日（多胎妊娠の場合は98日）〜出産の日後56日の範囲内で、休業1日につき標準報酬日額の3分の2が支給される。
死亡したとき	埋葬料（費）家族埋葬料	被保険、被扶養者が死亡したとき、埋葬料として50,000円または50,000円の範囲内の埋葬費が支給される

厚生年金保険の保険給付

老齢厚生年金…原則として65歳以上の者で、国民年金保険の被保険者期間が25年以上あり、かつ、厚生年金の被保険者期間が1か月以上ある場合支給されます。

障害厚生年金、障害手当金…厚生年金の被保険者期間中に、初診日がある傷病などで重度の障害が残った場合支給されます。

遺族厚生年金…厚生年金の被保険者か、老齢厚生年金、障害厚生年金（1、2級）を受給されている人が死亡した場合、その死亡した人と「生計維持関係」にある「年収850万円以下」の配偶者、子などに支給されます。

3. 賃金制度・社内制度を見直して、節約する!

● 入社日は月初、退職日を月末の前日にする

　社会保険料は資格取得した月から資格を喪失した月まで支払う必要があります。保険料の月単位です。日割りではありません。
　社会保険に加入する日（資格取得日といいます）は原則として入社日となり、この日が1日であっても、月末であっても、入社した月の分の社会保険料は払わなくてはいけません。
　社会保険を辞める日（資格喪失日といいます）は退職日の翌日または死亡した日の翌日となります。資格喪失日が1日でも月末でもその月の社会保険料は払わなくてはいけません。したがって、社会保険の加入する月、喪失させる月については、次のことに注意する必要があります。

（1）　月の最終日に被保険者の資格取得があった場合、たとえば6月30日に入社し、被保険者となった人は、被保険者である期間は1日ですが、6月分の保険料は徴収しなければならない
（2）　月の中途で退職または死亡した場合、その月の保険料は徴収する必要はないが、たとえば10月31日に退職した人の場合、資格喪失日は退職日の翌日、つまり11月1日となるので、保険料は10月分まで徴収することになる

　この仕組みを利用し、社会保険料の節約を図ります。

　私、田中（32歳）は、社会保険の適用事業所に6月28日入社しました。
　頑張って働こうと思ったのですが、同年10月31日に退職することになりました。

3. 賃金制度・社内制度を見直して、節約する！

> この場合、社会保険料は何か月分払わなくてはいけないのでしょうか。

　この場合の社会保険料の徴収は6月分〜10月分の5か月分となります。さきほども述べましたが、社会保険料の徴収は「月単位」です。「日割り」はできません。

　6月は3日しか勤務していませんが、1か月分徴収されますし、月末まで勤務していたら、その月分は徴収されてしまいます。

　もし、この田中さんの入社日が7月1日で、退職日を10月30日だった場合はどうなるのでしょうか？

　働く月数はほとんど変わりません、約5か月です。ただ、保険料がこの場合は7月分〜9月分の3か月分でいいのです。

　どのくらいの差がでるか比較してみましょう。標準報酬月額は20万円とします。

6月28日入社・10月31日退職

	6月分	7月分	8月分	9月分	10月分	徴収月数
社会保険の徴収	あり	あり	あり	あり	あり	5か月分

5か月分の社会保険料 278,000円

7月1日入社・10月30日退職

	6月分	7月分	8月分	9月分	10月分	徴収月数
社会保険の徴収	なし	あり	あり	あり	なし	3か月分

3か月分の社会保険料 166,800円

約110,000円節約！

59

実際の労働月数はほぼ同じであるにもかかわらず、入社日と退職日の設定に気をつけるだけで、約110,000円の保険料の節約になります。
　ちなみに、賞与に関しても額が大きくなる場合には、末日の前日までの退職が有効です。
　このやり方は退職者にとって、入社時で1か月分、退職時で1か月分の保険料の節約となり、月給の手取額が増えるというメリットになりますが、デメリットもあります。
　まず、老齢厚生年金等の年金給付が2か月分加入していないことにより若干下がります。
　退職日の翌日から新しい会社に就職することが決まっていない場合は、退職月から国民年金・国民健康保険（要件を満たせば任意継続に加入することも可能）に加入することが必要です。
　今まで、妻（夫）が扶養家族だった場合、妻（夫）分も国民年金の保険料を収める必要があります。
　会社に取ってのデメリットは特にありませんので、この方法を導入することを検討される会社は多いと思いますが、社員に取ってはメリットだけではありませんので、十分説明することを忘れないでください。
　また、本当は6月28日が入社日だったけど、（この日から勤務開始したけど）社会保険料の手続きを7月1日にするということはできません。

昇給は7月にする

　社会保険料は、4月～6月の平均給与で決定されます。
　4月～6月の給料が高いと、標準報酬月額も高くなり、当然保険料が高くなってしまいます。

したがって4月に定期昇給するのではなく、7月に定期昇給するようにすれば、昇給により標準報酬等級が上がる社員の場合、9月から翌年の8月までの1年間の差額分の社会保険料を節約することができます。

どのくらいの差がでるか比較してみましょう。

《4月昇給の場合》

通常の定時決定となり、9月から1等級上がった標準報酬月額となり、10月に請求される社会保険料から高くなります。

《7月昇給の場合》

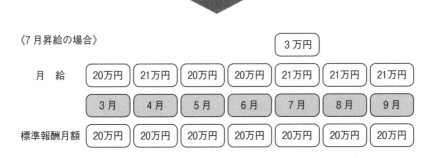

通常通り、4月分・5月分・6月分で定時決定を行いますが、給与は変動していないので、標準報酬月額も変動しません。7月以降3か月連続して給与が1万円昇給していますが、標準報酬月額だと1等級の上昇であるため、随時改定の対象にもなりません。つまり、給与は1万円上がっても、保険料は変わりません。

また、4月〜6月の3か月間分についての、「1万円×3＝3万円」を社員に払いたいのであれば、7月以降に、精勤手当という一時金で支払えば、随時改定には該当しません。

節約できる社会保険料分の金額

《4月昇給の場合》　　　　　　　　　　　　　　　　来年の8月まで

	4月分	5月分	6月分	7月分	8月分	9月分	10月分	11月分	12月分
標準報酬月額	20万円	20万円	20万円	20万円	20万円	22万円	22万円	22万円	22万円

4月〜翌3月までの社会保険料 706,120円

⬇

《7月昇給の場合》　　　　　　　　　　　　　　　　来年の8月まで

	4月分	5月分	6月分	7月分	8月分	9月分	10月分	11月分	12月分
標準報酬月額	20万円	20万円	20万円	20万円	20万円	20万円	20万円	20万円	20万円

4月〜翌3月までの社会保険料 667,200円

約39,000円節約！

　このケースの場合、昇給月の設定に気をつけるだけで、1人当たり年間39,000円の保険料の節約になります。

　これを会社単位で考えるとどうなるのでしょうか？

3. 賃金制度・社内制度を見直して、節約する！

　私（桜井）の経営する会社は社員が20名、定期昇給額は3,000円～15,000円の間です（勤続年数によって異なってきます）。賞与はありません。昇給前の平均給与が約346,000円、昇給後の平均給与が356,000円、昇給の平均額が10,000円です。

　今まで4月が定期昇給でした。これからは定期昇給を7月に変更したいと思います。この場合、どのくらい社会保険料が節約できるのでしょうか。

　今回は以下の表のように昇給させる予定です。

	従業員	今までの給与	昇給した後の給与	今までの標準報酬月額	昇給後の標準報酬月額
1	Aさん	184,000円	187,000円	180,000円	190,000円
2	Bさん	194,000円	197,000円	190,000円	200,000円
3	Cさん	214,000円	219,000円	220,000円	220,000円
4	Dさん	228,000円	233,000円	220,000円	240,000円
5	Eさん	232,000円	237,000円	240,000円	240,000円
6	Fさん	234,000円	240,000円	240,000円	240,000円
7	Gさん	249,000円	257,000円	240,000円	260,000円
8	Hさん	269,000円	277,000円	260,000円	280,000円
9	Iさん	288,000円	296,000円	280,000円	300,000円
10	Jさん	294,000円	302,000円	300,000円	300,000円
11	Kさん	300,000円	310,000円	300,000円	320,000円
12	Lさん	326,000円	336,000円	320,000円	340,000円
13	Mさん	345,000円	356,000円	340,000円	360,000円
14	Nさん	450,000円	464,000円	440,000円	470,000円
15	Oさん	470,000円	485,000円	470,000円	500,000円
16	Pさん	500,000円	515,000円	500,000円	530,000円
17	Qさん	500,000円	515,000円	500,000円	530,000円
18	Rさん	520,000円	535,000円	530,000円	530,000円
19	Sさん	530,000円	545,000円	530,000円	560,000円
20	Tさん	600,000円	615,000円	590,000円	620,000円
合計		6,927,000円	7,121,000円	6,890,000円	7,230,000円

　まず、4月に定期昇給させた場合、7月に定期昇給させた場合、それぞれの

計算をしてみましょう。

　会社全体で支払う社会保険料の金額を【標準報酬月額から計算する場合】[1]という計算方法で出すとします。

【4月に定期昇給した場合の月額社会保険料】

　4月に定期昇給した場合、その年の9月分から翌年の8月分まで社会保険料は「昇給後の標準報酬月額」で計算されますので、
健康保険料：7,230,000円×10.0％＝723,000円
厚生年金保険料 7,230,000円×18.0％＝1,301,400円
児童手当拠出金＝7,230,000円×0.15％＝10,845円
合計：723,000円＋1,301,400円＋10,845円＝2,035,245円
年額にしますと、2,035,245円×12か月＝24,422,940円……①

【7月に定期昇給した場合の月額社会保険料】

　7月に定期昇給した場合、その年の9月分から翌年の8月分まで社会保険料は「今までの標準報酬月額」のままで計算されますので、
健康保険料：6,890,000円×10.0％＝689,000円
厚生年金保険料 6,890,000円×18.0％＝1,240,200円
児童手当拠出金＝6,890,000円×0.15％＝10,335円
合計：689,000円＋1,240,200円＋10,335円＝1,939,535円
年額にしますと、1,939,535円×12か月＝23,274,420円……②

24,422,940円（①）－ 23,274,420円（②）＝ 1,148,520円

1　2章の納入告知書と賃金台帳の照合方法（P41）参照。

3. 賃金制度・社内制度を見直して、節約する！

この金額が、この会社が昇給月を変更した場合に節約できる社会保険料の金額です。

　会社全体で20万円程度上がる程度のベースアップをする場合、昇給月を変更するだけで年間約115万円の節約ができるので（労使合計、）会社負担分としては約57万円節約できることになります。
　もし、この方法に気がつかず、桜井さんが昇給月を変更しなければ、**2年でパートさん1人分位の損をし続ける**ことになりますよね。

【注意しなくてはならないこと】
　この方法が有益なのは、給与が昇給する場合のみです。桜井さんの会社が「定期昇給」する会社ではなく、成果主義を取る会社だった場合は給与が下がってしまう可能性があります。
　たとえば、Kさんという社員の評価が悪く、月給300,000円から285,000円になった場合、4月が給与見直しの時期であれば、定時改定後はKさんの標準報酬月額は下がります。
　しかし、7月が給与見直しの時期だったとしたらKさんの標準報酬月額は300,000円のままです（標準報酬月額が今までの標準報酬月額との間に2等級以上の差が生じず、随時改定されません）。社会保険料の節約にならないどころか、高い保険料を1年間も払い続けなくてはいけないことになってしまいます。

　また、7月を昇給月にしたとしても、昇給額が大きく、標準報酬月額が2等級以上上がった場合、随時改定の対象となるので、7月、8月、9月の基本給を元に10月に月額変更届を出さなくてはいけません。そうすると10月分の保険料から昇給された給与に沿った、高い保険料となってしまいます。
　ですが、昇格（係長→課長あるいは課長→部長など、地位が上がること）な

らともかく一般的な昇給では、なかなか標準報酬月額が2等級以上も上がるようなことはないでしょう。

4月に昇給する場合・7月に昇給する場合のイメージ

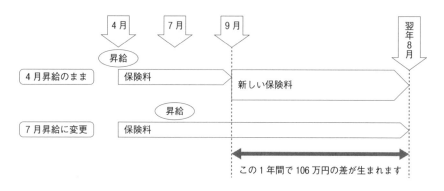

● 4月～6月は残業をさせない！

前項で説明しましたが、社会保険料は、4月～6月の平均給与で決定されます。（定時決定）

この平均給与とは、4月～6月にその社員に支払われた賃金の総額が基礎となります。賃金の総額が基礎になるということは、当然、残業代も含まれます。

ですので、4月～6月はなるべく残業をさせない方が社会保険料の節約になります。

また、この毎年の定時決定の他に随時改定によって等級が変更されるケースがあります。月額変更届は、固定賃金（基本給、通勤費、役職手当など）に変動があり、かつ2等級以上変化する場合に行う必要があります。

ここで注意が必要なのは、固定賃金の変動ということです。

3. 賃金制度・社内制度を見直して、節約する！

　7月〜3月までの間は、残業代がいくら増えて2等級変化があっても、実際に等級は変わりません。逆に4月〜6月にたくさん残業代をしていたため、定時決定で保険料が上がったけれど、7月以降で残業代がなくなって支給される給与の額が2等級以上下がっても等級を下げることができません。

　ただ、残業をさせるなと言っていたら仕事がなりたたない年度の変わり目に繁忙期を迎える業種も存在します。たとえば、以下のような仕事はどうしても毎年この時期はとても忙しいですよね。

・ビルメンテナンスなどが年度末（3月〜5月）に集中する清掃・設備点検の業種
・田植え時期の準備などで4月〜6月に残業が増加する農業関係の業種（農業法人等）
・4月の転勤、入社、入学に合わせて業務が増加する引越し、不動産、学生服販売などの業種
・人事異動や決算のため4月時期が繁忙期になり残業代が増加する総務、会計などの部署

　このような仕事をする人たちは、泣く泣く高い保険料を払い続けなくてはいけないのでしょうか？　いいえ、ちゃんと方法はあります。

　「業務、職種の性質上、例年その時期に残業が多く発生する」場合は届出をし、承認されれば、4〜6月の平均給与ではなく、1年間の平均給与で算定をすることができます。

　ただこの方法は「届出をし、承認」される必要があるので「業務、職種の性質上、例年その時期に残業が多く発生する」かどうかは自社のみの判断では通りません。

　実際、判断されない会社もあり、しかも手続きが面倒ということであまり利

用されていないと聞きます。

　また、今年だけ特別4～6月に残業が多い場合にはこの方法は使えません。あくまでも「例年」4～6月に残業が多くなる会社のみこの方法を使うことができます。

　社会保険料節約とは直接的な効果はありませんが、時期によって残業することが多くなったり、少なくなったりする会社では1年単位の変形労働制を活用することをお勧めします。

　1年単位の変形労働制とは、「1日8時間、1週40時間」の法定労働時間を超えて社員を働かせても、かならずしも残業代を支払わなくてもよいとした制度です。

　かいつまんで言うと、あらかじめ、1年間の労働時間のトータルが2085時間以内の年間カレンダーを作成して、労働基準監督署へ労使協定を提出しておけば、たとえ1日に10時間働こうが週に50時間働こうが、そのあらかじめ設定しておいた年間カレンダーの範囲内なら残業が発生しない制度です。

　たとえば2月、7月、8月と暇な月は月間140時間、3月、4月、5月、6月と忙しい月は月間200時間と割り振って、1年のトータルが2085時間以内になればいいわけです。

　1年間の変形労働時間制を実施することにより、残業手当削減効果があるだけでなく、ピーク時期に集中する残業手当を平準化させる効果があります。

● 賃金テーブルを工夫する

　1章で説明したように、「社会保険料」は標準報酬月額表に給与額を当てはめて保険料を算出します。

　念のため、もう一度「標準報酬月額表」をよく見てください。

標準報酬月額等級区分表

等級		報酬月額	標準報酬	等級		報酬月額	標準報酬
健	年	以上～未満	月額	健	年	以上～未満	月額
1	1	0～63,000円	58,000円	26	22	370,000～395,000円	380,000円
2	1	63,000～73,000円	68,000円	27	23	395,000～425,000円	410,000円
3	1	73,000～83,000円	78,000円	28	24	425,000～455,000円	440,000円
4	1	83,000～93,000円	88,000円	29	25	455,000～485,000円	470,000円
5	1	93,000～101,000円	98,000円	30	26	485,000～515,000円	500,000円
6	2	101,000～107,000円	104,000円	31	27	515,000～545,000円	530,000円
7	3	107,000～114,000円	110,000円	32	28	545,000～575,000円	560,000円
8	4	114,000～122,000円	118,000円	33	29	575,000～605,000円	590,000円
9	5	122,000～130,000円	126,000円	34	30	605,000～635,000円	620,000円
10	6	130,000～138,000円	134,000円	35	30	635,000～665,000円	650,000円
11	7	138,000～146,000円	142,000円	36	30	665,000～695,000円	680,000円
12	8	146,000～155,000円	150,000円	37	30	695,000～730,000円	710,000円
13	9	155,000～165,000円	160,000円	38	30	730,000～770,000円	750,000円
14	10	165,000～175,000円	170,000円	39	30	770,000～810,000円	790,000円
15	11	175,000～185,000円	180,000円	40	30	810,000～855,000円	830,000円
16	12	185,000～195,000円	190,000円	41	30	855,000～905,000円	880,000円
17	13	195,000～210,000円	200,000円	42	30	905,000～955,000円	930,000円
18	14	210,000～230,000円	220,000円	43	30	955,000～1,005,000円	980,000円
19	15	230,000～250,000円	240,000円	44	30	1,005,000～1,055,000円	1,030,000円
20	16	250,000～270,000円	260,000円	45	30	1,055,000～1,115,000円	1,090,000円
21	17	270,000～290,000円	280,000円	46	30	1,115,000～1,175,000円	1,150,000円
22	18	290,000～310,000円	300,000円	47	30	1,175,000～1,235,000円	1,210,000円
23	19	310,000～330,000円	320,000円	48	30	1,235,000～1,295,000円	1,270,000円
24	20	330,000～350,000円	340,000円	49	30	1,295,000～1,355,000円	1,330,000円
25	21	350,000～370,000円	360,000円	50	30	1,355,000円～	1,390,000円

極端な例をあげると、月収209,999円の佐藤さんと月収210,000円の高橋さんがいたとします。給料はたった1円しか変わりませんが、佐藤さんの標準報酬月額は20万円、高橋さんの標準報酬月額22万円となります。保険料は月あたり5,600円程度、年間で約67,000円違ってきます。

	高橋さん	佐藤さん	差 額
月額給与	210,000円	209,999円	1円
標準報酬月額	220,000円	200,000円	1等級
月額社会保険料控除額	61,600円	56,000円	5,600円
年間社会保険料控除額合計	739,200円	672,000円	67,200円

賃金規程に、「昇給すると基本給が〇〇円にあがる」というような賃金テーブルがある場合、ある程度区切りのいい数字で昇給額の幅が決められていますが、保険料額表も区切りのいいところで幅が決まっていますので、賃金テーブルの幅も保険料額表を意識しながら決定することにより社会保険料を節約することができます。

ただし、この方法は賃金テーブルの額とおりに月額給与が支払われる場合には有効ですが、交通費、諸手当、残業代がプラスして支払われる場合には効果は期待できません。

それどころか、標準報酬月額の上限ギリギリの金額を月額給与と設定していますと、それに交通費や残業代などが加算され、上位の等級に入ってしまうと、逆に高い保険料を支払わなくてはいけなくなる可能性もあります。

手当を一切支給しない、または年俸制の会社であれば、この方法を検討してみてはいかがでしょうか。

🌑 月額給与に含まれない科目を活用する

　多くの会社では、社員に支払われる給与には、基本給の他に各種手当が含まれています。この手当を工夫することにより「社会保険料」を節約できる場合があります。

　月額給与の中の手当に、福利厚生的、実費弁済的なものは、標準報酬に含める必要がないものがあります。(ただし、一定の条件を満たした場合)

　詳しくは下記の表のとおりです。

		金銭で支給されるもの	現物で支給されるもの	
報酬となるもの		基本給（月給、週給、日給）家族手当、住宅手当、通勤手当、食事手当、役付手当、職階手当、早出手当、残業手当、皆勤手当、能率手当、生産手当、休業手当、育児休業手当、介護休業手当、各種技術手当、特別勤務手当、宿日直手当、勤務地手当など、年4回以上支給の賞与など	食事、食券など　社宅、独身寮など　通勤定期券、回数券　給与としての自社製品など	
報酬とならないもの	労働の対象とされないもの	解雇予告手当、退職金手当結婚祝金、災害見舞金、病気見舞金、年金、恩給、健康保険の傷病手当金、休業補償給付、内職、副業で得る収入	食事	本人からの徴収金額が、標準価格により算定した額の2/3以上の場合
	臨時に受けるもの	大入袋　出張旅費	住宅	本人からの徴収金額が、標準価格により算定した額以上の場合
	年間を通じて3回まで支給されるもの	年3回まで支給される賞与	被服	事務服、作業服等の勤務服など

具体的には「現物で支給されるもの」を利用して社会保険料の節約を図ります。

現物給与とは

賃金の一部を金銭（通貨）以外の、現物で支給することを指します。

労働基準法によって賃金は、「通貨による支給の原則」が規定されていますが、労働協約等の定めにより現物による支給も可能となっています。しかし「無償」ではありません。

社会保険上では、その支給された「現物」に対し法律による地方の時価によって、厚生労働大臣がその価格を決めます。

食事手当から食事の支給へ

食事が支給されるような会社で、会社が食費の補助をする場合、支給される食事の標準価額（年金機構が決めている都道府県別の価額のことで、食事を作るのに必要な材料費、光熱費などに相当する金額です）の3分の2以上の金額を自己負担している場合は、社会保険の算定の基礎に入れなくても構いません。

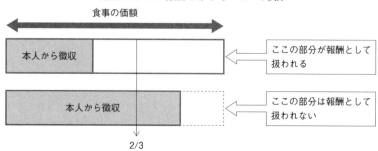

東京の場合、昼食の標準価額は1食あたり220円ですので、社員本人から1食あたり150円程度を給与天引きすることになります。

3. 賃金制度・社内制度を見直して、節約する！

食事手当を現物支給に切り替えた場合のイメージ

一か月に 25 回社員食堂を利用する場合
自分で支払う食事代は 15,000 円となります。
そのうち、5,000 円会社が補助してくれるので実際には 10,000 円の負担となります。

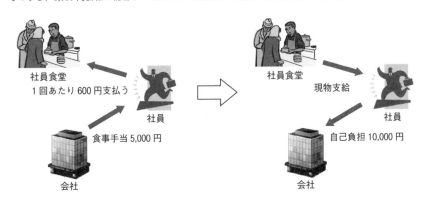

　たとえば、基本給200,000円＋食事手当10,000円の支給を、基本給200,000円・食事は現物支給とし、食事の標準価額の3分の2以上を本人から徴収すれば社会保険料は約67,000円節約できます。

食事手当支給と現物支給の比較

	食事手当支給	現物支給	差　額
月給	200,000 円	200,000 円	
食事手当	10,000 円	―	
月額社会保険料控除額	61,600 円	56,000 円	5,600 円
年間社会保険料控除額合計	739,200 円	672,000 円	67,200 円

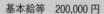

社員にとっては、社会保険料の軽減と共に、実は所得税の軽減も出来ることになりますので、給与の手取額が増加します。

これを会社単位で考えるとどうなるのでしょうか？

私（桜井）の経営する会社は、今まで一律で10,000円の食事手当を出しておりましたが、今度、社内に食堂をつくることにし、その食堂で食事を提供することにしました。

そこで、食事手当を廃止したいと思います。その代り、1日あたり150円の食事代を給与から天引きすることにしました。

この場合、どの位社会保険料を節約することができますか？

今後は、以下のように変わります。

| 従業員 | 今までの給与 | | 現在の標準報酬月額 | 今後の給与 | 今後の標準報酬月額 |
	基本給	食事手当			
1 Aさん	174,000円	10,000円	180,000円	174,000円	170,000円

3. 賃金制度・社内制度を見直して、節約する！

2	Bさん	184,000円	10,000円	190,000円	184,000円	180,000円
3	Cさん	204,000円	10,000円	220,000円	204,000円	200,000円
4	Dさん	218,000円	10,000円	220,000円	218,000円	220,000円
5	Eさん	222,000円	10,000円	240,000円	222,000円	220,000円
6	Fさん	224,000円	10,000円	240,000円	224,000円	220,000円
7	Gさん	239,000円	10,000円	240,000円	239,000円	240,000円
8	Hさん	259,000円	10,000円	260,000円	259,000円	260,000円
9	Iさん	278,000円	10,000円	280,000円	278,000円	280,000円
10	Jさん	284,000円	10,000円	300,000円	284,000円	280,000円
11	Kさん	290,000円	10,000円	300,000円	290,000円	300,000円
12	Lさん	316,000円	10,000円	320,000円	316,000円	320,000円
13	Mさん	335,000円	10,000円	340,000円	335,000円	340,000円
14	Nさん	440,000円	10,000円	440,000円	440,000円	440,000円
15	Oさん	460,000円	10,000円	470,000円	460,000円	470,000円
16	Pさん	490,000円	10,000円	500,000円	490,000円	500,000円
17	Qさん	490,000円	10,000円	500,000円	490,000円	500,000円
18	Rさん	510,000円	10,000円	530,000円	510,000円	500,000円
19	Sさん	520,000円	10,000円	530,000円	520,000円	530,000円
20	Tさん	590,000円	10,000円	590,000円	590,000円	590,000円
	合　計	6,727,000円	200,000円	6,890,000円	6,727,000円	6,760,000円

　会社全体で支払う社会保険料の金額を【標準報酬月額から計算する場合】[2]という計算方法で出すとします。

【食事手当が支給されている場合の月額社会保険料】

　今までのように食事手当が支給されている場合の社会保険料は「現在の標準報酬月額」で計算されますので、

健康保険料：6,890,000 円 × 10.0％ ＝ 689,000 円

2　2章の納入告知書と賃金台帳の照合方法（P41）参照。

厚生年金保険料 6,890,000 円 × 18.0% = 1,240,200 円

児童手当拠出金 = 6,890,000 円 × 0.15% = 10,335 円

合計：689,000 円 +1,240,200 円 +10,335 円 = 1,939,535 円

年額にしますと、1,939,535 円 × 12 か月 = <u>23,274,420 円</u>……①

【食事手当が廃止された場合の月額社会保険料】

　食事手当が廃止され、食事が提供される場合の社会保険料は「今後の標準報酬月額」で計算されますので

健康保険料：6,760,000 円 × 10.0% = 676,000 円

厚生年金保険料 6,760,000 円 × 18.0% = 1,216,800 円

児童手当拠出金 = 6,760,000 円 × 0.15% = 10,140 円

合計：676,000 円 +1,216,800 円 +10,140 円 = 1,902,940 円

年額にしますと、1,902,940 円 × 12 か月 = <u>22,835,280 円</u>……②

23,274,420 円（①）− 22,835,280 円（②）= 439,140 円

　この金額が、この会社が食事手当を現物の食事を支給することに変更した場合、節約できる社会保険料の金額です。

　会社全体で 20 万円程度の食事手当を廃止した場合、年間約 44 万円の節約ができますので（労使合計）、会社負担分としては約 22 万円節約できることになります。

　ただし、これはあくまでも「現物の食事（ごはん・みそ汁・おかずなど）」を提供する場合のみにできる削減方法です。一般的には、付近に食事をする所がない工場、建設現場など以外では導入していないようです。

住宅手当から借上げ社宅へ

　住宅に関して補助のある会社では、毎月の賃金に上乗せする形で、社員に住宅手当が支給されているのが一般的です。

　これを仮に、個人で賃貸契約として家賃 10 万円の家に住んでいる月収 30 万円（5 万円の住宅手当含む）の社員が、借上げ社宅として、給与から社宅代を天引きする方法に変更した場合の社会保険料を比較してみましょう。

　ただし、社宅代としてどの程度の金額を社員から貰うかが問題となってきます。あまりにも少ない金額の場合は、社会保険料の節約の効果が認められないこともあります。

　社宅代の価格の算出にあたっては、リビング、寝室、書斎、ダイニング等「居住」用の部屋の畳の枚数を対象とします。玄関、トイレ、浴室、廊下、収納などは含めません。

　以下のようなマンションの場合、　　　の部分だけ計算します。

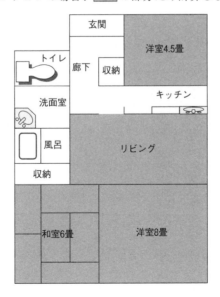

借上げ社宅に切り替えた場合のイメージ

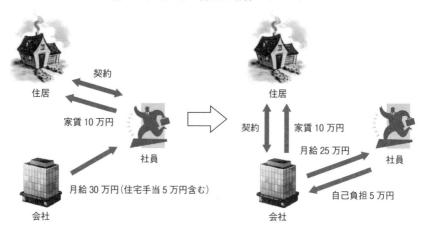

当社は、今後住宅手当を廃止し、借上げ社宅制度を新たに創設したいと考えています。

そこで、今100,000円のマンションに住んでいる佐々木くんのマンションを借り上げ社宅とした場合どのくらい社会保険料が節約できますか?

佐々木くんには現在、基本給250,000円+住宅手当50,000円の計300,000円支給しております。

今後は、基本給250,000円とし、本人から社宅代として50,000円給与天引きする予定です。

3. 賃金制度・社内制度を見直して、節約する！

住宅手当を廃止し借上げ社宅にした場合の比較

	住宅手当の場合	借上げ社宅の場合	差　額
月給（含住宅手当）	300,000 円	250,000 円	
月額社会保険料控除額	84,000 円	70,000 円	14,000 円
年間社会保険料控除額	1,008,000 円	840,000 円	168,000 円

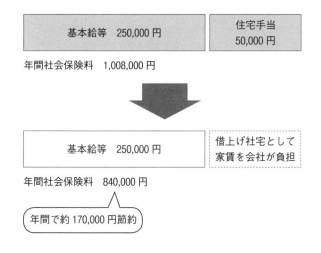

社員にとっては、社会保険料の軽減と共に、実は所得税の軽減もできることになりますので、給与の手取額が増加します。

これを会社単位で考えるとどうなるのでしょうか？

　私（桜井）の経営する会社は、今後、住宅手当を廃止し、借上げ社宅制度を新たに創設したいと考えています。住宅手当は一律ではなく、持ち家ではない人に今借りているマンションの30％程度を手当として支払っています。

また、社宅代は「支払っている家賃−住宅手当」と設定します（家賃を支払った残りの金額は変わらないように配慮します）。
この場合、どのくらい社会保険料を節約することができますか？

　今後は、以下のように変わります。

	従業員	支払っている家賃	今までの給与			現在の標準報酬月額	家賃払ったのこり	今後の給与	今後の標準報酬月額	社宅代	社宅費を払った残り
			基本給	住宅手当	支給総額						
1	Aさん	60,000円	156,000円	18,000円	174,000円	180,000円	114,000円	156,000円	160,000円	42,000円	114,000円
2	Bさん	65,000円	164,500円	19,500円	184,000円	190,000円	119,000円	164,500円	160,000円	45,500円	119,000円
3	Cさん	72,000円	182,400円	21,600円	204,000円	220,000円	132,000円	182,400円	180,000円	50,400円	132,000円
4	Dさん	78,000円	194,600円	23,400円	218,000円	220,000円	140,000円	194,600円	190,000円	54,600円	140,000円
5	Eさん	77,000円	198,900円	23,100円	222,000円	240,000円	145,000円	198,900円	200,000円	53,900円	145,000円
6	Fさん	72,000円	202,400円	21,600円	224,000円	240,000円	152,000円	202,400円	200,000円	50,400円	152,000円
7	Gさん	75,000円	216,500円	22,500円	239,000円	240,000円	164,000円	216,500円	220,000円	52,500円	164,000円
8	Hさん	76,000円	236,200円	22,800円	259,000円	260,000円	183,000円	236,200円	240,000円	53,200円	183,000円
9	Iさん	100,000円	248,000円	30,000円	278,000円	280,000円	178,000円	248,000円	240,000円	70,000円	178,000円
10	Jさん	120,000円	248,000円	36,000円	284,000円	300,000円	164,000円	248,000円	240,000円	84,000円	164,000円
11	Kさん	100,000円	260,000円	30,000円	290,000円	300,000円	190,000円	260,000円	260,000円	70,000円	190,000円
12	Lさん	持ち家	316,000円	0円	316,000円	320,000円		316,000円	320,000円		
13	Mさん	持ち家	335,000円	0円	335,000円	340,000円		335,000円	340,000円		
14	Nさん	持ち家	440,000円	0円	440,000円	440,000円		440,000円	440,000円		
15	Oさん	持ち家	460,000円	0円	460,000円	470,000円		460,000円	470,000円		
16	Pさん	持ち家	490,000円	0円	490,000円	500,000円		490,000円	500,000円		
17	Qさん	持ち家	490,000円	0円	490,000円	500,000円		490,000円	500,000円		
18	Rさん	持ち家	510,000円	0円	510,000円	530,000円		510,000円	500,000円		
19	Sさん	持ち家	520,000円	0円	520,000円	530,000円		520,000円	530,000円		
20	Tさん	持ち家	590,000円	0円	590,000円	590,000円		590,000円	590,000円		
	合計		6,458,500円	268,500円	6,727,000円	6,890,000円	1,681,000円	6,458,500円	6,480,000円	626,500円	1,681,000円

　まず、住宅手当がでていた場合、廃止された場合、それぞれの計算をしてみましょう。

　会社全体で支払う社会保険料の金額を【標準報酬月額から計算する場合】[3]

という計算方法で出すとします。

【住宅手当が支給されている場合の月額社会保険料】

今までのように、住宅手当が支給されている場合の社会保険料は「現在の標準報酬月額」で計算されますので、

健康保険料：6,890,000 円 × 10.0% = 689,000 円

厚生年金保険料 6,890,000 円 × 18.0% = 1,240,200 円

児童手当拠出金 = 6,890,000 円 × 0.15% = 10,335 円

合計：689,000 円 + 1,240,200 円 + 10,335 円 = 1,939,535 円

年額にしますと、1,939,535 円 × 12 か月 <u>23,274,420 円</u>……①

【住宅手当が廃止された場合の月額社会保険料】

住宅手当が廃止され、借上げ社宅が用意される場合の社会保険料は「今後の標準報酬月額」で計算されますので、

健康保険料：6,480,000 円 × 10.0% = 648,000 円

厚生年金保険料 6,480,000 円 × 18.0% = 1,166,400 円

児童手当拠出金 = 6,480,000 円 × 0.15% = 9,720 円

合計：648,000 円 + 1,166,400 円 + 9,720 円 = 1,824,120 円

年額にしますと、1,824,120 円 × 12 か月 <u>21,889,440 円</u>……②

23,274,420 円（①）− 21,889,440 円（②）= 1,384,980 円

この金額がこの会社が住宅手当を廃止し、借上げ社宅制度に変更した場合、節約できる社会保険料の金額です。

3　2章の納入告知書と賃金台帳の照合方法（P41）参照。

借上げ社宅とする場合、敷金、礼金、手数料、更新料等は契約主体である会社が一旦負担することになりますが、これらの金額についての実際の負担割合については、会社と社員との話し合いで決定すればいいことです。

契約母体が会社だから、敷金、礼金などの費用を会社が持たなくてはいけないということではありません。

中小企業では、会社が貸主に対して敷金や更新料等を支払い、本人の給与から控除することが多いです。

また、退去時の清掃代も社員負担の場合が一般的です。

ただ気をつけなくてはいけないこととして、契約は貸主と会社の間なので、その社宅に住んでいる社員と貸主との間で何かトラブルがあった際には、「本人個人の問題であり会社は関係ない」と逃げることはできません。貸主に対する会社の責任と労力が増えてしまうことには注意が必要です。

営業手当を実費弁済に

営業社員に対し、出張または仕事上の交際費について、明確に規定を設けて出張旅費、交際費として支給している会社と、給与の一部として賃金で支給している会社では社会保険料が異なります。

出張旅費、交際費で処理される金額は、源泉徴収税もかかりませんし、社会保険料の算定基礎に含まれず、社会保険料もかからないのです。

> 当社は、今後営業手当を廃止し、その代り、実際につかった金額を交際費、旅費交通費、日当として実費弁済していこうと考えています。
>
> そこで、基本給250,000円+営業手当50,000円、計300,000円支給していた者を基本給250,000円、交際費+出張旅費の実費として50,000円計300,000円の支給とした場合、どの位社会保険料が節約できますか?

3. 賃金制度・社内制度を見直して、節約する！

営業手当を廃止し実費弁済とした場合の比較

社会保険料の上限額を利用して節約する

社会保険の上限額について

1年のうち4回以上支払われる「賞与」に関しては、毎月支払われる給与と同じ保険税額表を使って社会保険料の額を計算しますが、年に2回まで支払われる「賞与」は、その賞与の額に「保険料率」を掛けたものを保険料とします。

賞与の場合も、給与と同じく社会保険料の上限が設けられています。

給与、賞与の上限額

	月額給与	賞　与
健康保険料	1,175,000 円	5,400,000 円（1 年間の累計で）
厚生年金保険料	605,000 円	1,500,000 円（1 回に付き）

※社会保険料は、月給が上限額以上の場合は上限額とみなして計算します。

83

賞与を年2回から年1回にする

年間200万円の賞与を支給する場合、夏冬100万円ずつ支払うより、年1回で支給する方が、社会保険料を約8万円節約ができます。

同じ金額の賞与なのに、支払う回数が違うだけでどうしてこんなに社会保険料に違いがでるのでしょうか。

賞与から天引きされる社会保険料にも上限があります。

この上限額は、賞与の額が健康保険料なら1年間の累計が540万円、厚生年金保険料なら1回につき150万となっています。たとえ、これを超える額の賞与を支給したとしても保険料はその上限額にかけて算出されます。

つまり、200万円の賞与が支給されると、社会保険料は、健康保険料は200万円×保険料率、厚生年金保険料は150万円×保険料率で計算されます。

その結果、賞与は一定額以上であれば、何回にも分けて支給するよりも、まとめて1回で支給した方が社会保険料は節約できるのです。

多くの会社では賞与は年2回の支給ですが、賞与の合計額が150万円を超える場合、年1回の支給に変更するだけで社会保険料の節約になります。

1回と2回でどれだけちがうかの比較

年間賞与額	社会保険料	1回で支給する場合	2回で支給する場合	差　額	節約できる額
100万円	健康保険料	100,000円	100,000円	0円	0円
	厚生年金保険料	180,000円	180,000円	0円	
150万円	健康保険料	150,000円	150,000円	0円	0円
	厚生年金保険料	270,000円	270,000円	0円	

200万円	健康保険料	200,000円	200,000円	0円	90,000円
	厚生年金保険料	270,000円	360,000円	90,000円	
300万円	健康保険料	300,000円	300,000円	0円	270,000円
	厚生年金保険料	270,000円	540,000円	270,000円	
700万円	健康保険料	540,000円	700,000円	160,000円	430,000円
	厚生年金保険料	270,000円	540,000円	270,000円	

これを会社単位で考えるとどうなるのでしょうか？

　私（桜井）の経営する会社は賞与が年2回、それぞれ給与の2.5か月分ずつ支払っています。

　今年から賞与を年1回に変更した場合、どのくらい社会保険料が節約できるのでしょうか。

　今回は以下の表のように変更する予定です。

	従業員	賞与の基礎となる給与	夏の賞与額	冬の賞与額	年1回にした場合の賞与額
1	Aさん	184,000円	460,000円	460,000円	920,000円
2	Bさん	194,000円	485,000円	485,000円	970,000円
3	Cさん	214,000円	535,000円	535,000円	1,070,000円
4	Dさん	228,000円	570,000円	570,000円	1,140,000円
5	Eさん	232,000円	580,000円	580,000円	1,160,000円
6	Fさん	234,000円	585,000円	585,000円	1,170,000円
7	Gさん	249,000円	622,500円	622,500円	1,245,000円
8	Hさん	269,000円	672,500円	672,500円	1,345,000円
9	Iさん	288,000円	720,000円	720,000円	1,440,000円
10	Jさん	294,000円	735,000円	735,000円	1,470,000円
11	Kさん	300,000円	750,000円	750,000円	1,500,000円

12	Lさん	326,000 円	815,000 円	815,000 円	1,630,000 円
13	Mさん	345,000 円	862,500 円	862,500 円	1,725,000 円
14	Nさん	450,000 円	1,125,000 円	1,125,000 円	2,250,000 円
15	Oさん	470,000 円	1,175,000 円	1,175,000 円	2,350,000 円
16	Pさん	500,000 円	1,250,000 円	1,250,000 円	2,500,000 円
17	Qさん	500,000 円	1,250,000 円	1,250,000 円	2,500,000 円
18	Rさん	520,000 円	1,300,000 円	1,300,000 円	2,600,000 円
19	Sさん	530,000 円	1,325,000 円	1,325,000 円	2,650,000 円
20	Tさん	600,000 円	1,500,000 円	1,500,000 円	3,000,000 円
合 計		6,927,000 円	17,317,500 円	17,317,500 円	34,635,000 円

賞与を計算する時、標準報酬額の上限に注目する必要があります。

健康保険の標準賞与額の上限は1年間で540万円[4]、厚生年金保険の標準賞与額は1回で150万円[5]です。このことを忘れないで下さい。

従来通り2回で払った場合は、健康保険も厚生年金も「上限額」を超えませんので、

【夏・冬2回の場合の社会保険料】

健康保険料：17,317,500 円 × 10.0% = 1,731,750 円

厚生年金保険料 17,317,500 円 × 18.0% = 3,117,150 円

児童手当拠出金 = 17,317,500 円 × 0.15% = 25,976 円

合計：1,731,750 円 + 3,117,150 円 + 25,976 円 = 4,874,876 円

となります。

この金額を夏冬2回分支払わなくてはいけないので、

4,874,876 円 × 2 回 = <u>9,749,752 円</u>……①

4　2章　標準賞与額（p.50）を参照。
5　2章　標準賞与額（p.50）を参照。

3. 賃金制度・社内制度を見直して、節約する！

賞与を1回で払った場合、厚生年金保険はKさんから「上限額」に達してしまいますので、以下の表のように、賞与額を読み替えなくてはいけません。

従業員	年1回にした場合の賞与額	健康保険料を計算する時に使う賞与額	厚生年金保険料および児童手当拠出金を計算する時に使う賞与額
Aさん	920,000 円	920,000 円	920,000 円
Bさん	970,000 円	970,000 円	970,000 円
Cさん	1,070,000 円	1,070,000 円	1,070,000 円
Dさん	1,140,000 円	1,140,000 円	1,140,000 円
Eさん	1,160,000 円	1,160,000 円	1,160,000 円
Fさん	1,170,000 円	1,170,000 円	1,170,000 円
Gさん	1,245,000 円	1,245,000 円	1,245,000 円
Hさん	1,345,000 円	1,345,000 円	1,345,000 円
Iさん	1,440,000 円	1,440,000 円	1,440,000 円
Jさん	1,470,000 円	1,470,000 円	1,470,000 円
Kさん	1,500,000 円	1,500,000 円	1,500,000 円
Lさん	1,630,000 円	1,630,000 円	1,500,000 円
Mさん	1,725,000 円	1,725,000 円	1,500,000 円
Nさん	2,250,000 円	2,250,000 円	1,500,000 円
Oさん	2,350,000 円	2,350,000 円	1,500,000 円
Pさん	2,500,000 円	2,500,000 円	1,500,000 円
Qさん	2,500,000 円	2,500,000 円	1,500,000 円
Rさん	2,600,000 円	2,600,000 円	1,500,000 円
Sさん	2,650,000 円	2,650,000 円	1,500,000 円
Tさん	3,000,000 円	3,000,000 円	1,500,000 円
	34,635,000 円	34,635,000 円	26,930,000 円

【1回払いにした場合の社会保険料】

健康保険料：34,635,000 円 × 10.0% = 3,463,500 円

厚生年金保険料 26,930,000 円 × 18.0% = 4,847,400 円
児童手当拠出金 = 26,930,000 円 × 0.15% = 40,395 円
合計：3,463,500 円 + 4,847,400 円 + 40,395 円 = 8,351,295 円……②

9,749,752 円（①）− 8,351,295 円（②）= 1,398,457 円

　この金額が桜井さんの会社が賞与の支払い回数を変更した場合、節約できる社会保険料の金額です。

　賞与を年間5か月以上支払うような会社の場合は、賞与を1回にまとめると厚生年金保険の上限額に達しやすくなります。**月給に比べて賞与の比率が高い会社にはこの方法は効果的です。**

賞与を年2回から年4回にする

　逆に回数を増やした場合、どうなるのでしょうか。
　年2回の支給から年4回の支給に変更した場合の社会保険料の負担額の違いをみてみましょう。
　前にも述べましたように1年間で3回までの賞与は「賞与」として取扱いますが、1年間に4回支払われた賞与は「給与」として取り扱われます。
　この場合、1年間に受けた賞与の額を12で割った額を、給与に追加し、標準報酬月額を決定します。

年2回の賞与を年4回にした場合の比較

例）給与60万円＋賞与300万円（年収1020万円）

給与（60万円）＆賞与（150万＊2回）

	7月	8月	9月	10月	11月	12月	1月	2月	3月	4月	5月	6月
給与	60万	60万	60万	60万	60万	60万	60万	60万	60万	60万	60万	60万
賞与	150万					150万						

年間社会保険料 2,856,000円

給与（60万円）＆賞与（75万＊4回）

	7月	8月	9月	10月	11月	12月	1月	2月	3月	4月	5月	6月
給与	60万	60万	60万	60万	60万	60万	60万	60万	60万	60万	60万	60万
賞与			75万			75万			75万			75万

《実際の計算する時は賞与を「ならす」》

	7月	8月	9月	10月	11月	12月	1月	2月	3月	4月	5月	6月
給与＋賞与	85万	85万	85万	85万	85万	85万	85万	85万	85万	85万	85万	85万

年間社会保険料 2,359,200円

年間で約500,000円節約

　この場合、賞与150万円（年2回）を年12回で割ると、給与扱い分が**25万円**増え、85万円となります。

　厚生年金保険の標準報酬月額の上限額は62万円なので、この金額を超えた23万円については、厚生年金保険の保険料が徴収されません。その結果、社会保険料は年間約236万円に抑えられ、約50万円の保険料の節約となります。

また、賞与を年4回に分割することにより標準報酬月額が上がるため、健康保険の給付面において、怪我などで4日以上連続して休んだ時に支給される傷病手当金、出産で働くことができなかった時に支給される出産手当金の給付に反映されるようになるというメリットもあります。

　私（桜井）の経営する会社は賞与が年2回、それぞれ給与の2.5か月分ずつ支払っています。

　今年から賞与を年4回に変更した場合、どのくらい社会保険料が節約できるのでしょうか。

　今回は以下の表のように変更する予定です。

	従業員	賞与の基礎となる給与	夏の賞与額	冬の賞与額	年4回にした場合の1回の賞与額
1	Aさん	184,000円	460,000円	460,000円	230,000円
2	Bさん	194,000円	485,000円	485,000円	242,500円
3	Cさん	214,000円	535,000円	535,000円	267,500円
4	Dさん	228,000円	570,000円	570,000円	285,000円
5	Eさん	232,000円	580,000円	580,000円	290,000円
6	Fさん	234,000円	585,000円	585,000円	292,500円
7	Gさん	249,000円	622,500円	622,500円	311,250円
8	Hさん	269,000円	672,500円	672,500円	336,250円
9	Iさん	288,000円	720,000円	720,000円	360,000円
10	Jさん	294,000円	735,000円	735,000円	367,500円
11	Kさん	300,000円	750,000円	750,000円	375,000円
12	Lさん	326,000円	815,000円	815,000円	407,500円
13	Mさん	345,000円	862,500円	862,500円	431,250円
14	Nさん	450,000円	1,125,000円	1,125,000円	562,500円
15	Oさん	470,000円	1,175,000円	1,175,000円	587,500円

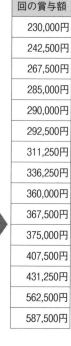

3. 賃金制度・社内制度を見直して、節約する！

16	Pさん	500,000円	1,250,000円	1,250,000円	625,000円
17	Qさん	500,000円	1,250,000円	1,250,000円	625,000円
18	Rさん	520,000円	1,300,000円	1,300,000円	650,000円
19	Sさん	530,000円	1,325,000円	1,325,000円	662,500円
20	Tさん	600,000円	1,500,000円	1,500,000円	750,000円
合計		6,927,000円	17,317,500円	17,317,500円	8,658,750円

　１年間で３回までの賞与は「賞与」として取扱いますが、１年間に４回支払われた賞与は「給与」として取り扱われます。この場合、１年間に受けた賞与の額を 12 で割って得た額を、給与に追加し、標準報酬月額を決定します。

	従業員	賞与の基礎となる給与	１年間分の賞与額の1/12	変更された標準報酬月額の基礎になる給与	健康保険料を計算する時に使う標準報酬月額	厚生年金保険料標準報酬月額
1	Aさん	184,000円	76,667円	260,667円	260,000円	260,000円
2	Bさん	194,000円	80,833円	274,833円	280,000円	280,000円
3	Cさん	214,000円	89,167円	303,167円	300,000円	300,000円
4	Dさん	228,000円	95,000円	323,000円	320,000円	320,000円
5	Eさん	232,000円	96,667円	328,667円	320,000円	320,000円
6	Fさん	234,000円	97,500円	331,500円	340,000円	340,000円
7	Gさん	249,000円	103,750円	352,750円	360,000円	360,000円
8	Hさん	269,000円	112,083円	381,083円	380,000円	380,000円
9	Iさん	288,000円	120,000円	408,000円	410,000円	410,000円
10	Jさん	294,000円	122,500円	416,500円	410,000円	410,000円
11	Kさん	300,000円	125,000円	425,000円	440,000円	440,000円
12	Lさん	326,000円	135,833円	461,833円	470,000円	470,000円
13	Mさん	345,000円	143,750円	488,750円	500,000円	500,000円

14	Nさん	450,000円	187,500円	637,500円	650,000円	620,000円
15	Oさん	470,000円	195,833円	665,833円	680,000円	620,000円
16	Pさん	500,000円	208,333円	708,333円	710,000円	620,000円
17	Qさん	500,000円	208,333円	708,333円	710,000円	620,000円
18	Rさん	520,000円	216,667円	736,667円	750,000円	620,000円
19	Sさん	530,000円	220,833円	750,833円	750,000円	620,000円
20	Tさん	600,000円	250,000円	850,000円	830,000円	620,000円
	合計	6,927,000円	2,886,250円	9,813,250円	9,870,000円	9,130,000円

【賞与が4回の場合：月額社会保険料】

健康保険料：9,870,000 円 × 10.0% = 987,000 円

厚生年金保険料 9,130,000 円 × 18.0% = 1,643,400 円

児童手当拠出金 = 9,130,000 円 × 0.15% = 13,695 円

合計：987,000 円 + 1,643,400 円 + 13,695 円 = 2,644,095 円

　年額にしますと、**2,644,095 円 × 12 回 = 31,729,140 円**

【賞与が年2回の場合：月額社会保険料】

月額保険料 × 12 回 = 23,274,420 円（P.64 の②）

賞与に対する保険料 × 2 回 = 9,749,752 円（P.88 の①）

年間社会保険料：33,024,172 円

【賞与が年1回の場合：月額社会保険料】

月額保険料 × 12 月 = 23,274,420 円（P.64 の②）

賞与に対する保険料 = 8,351,295 円（P.88 の②）

年間社会保険料：31,625,715 円

　これらを比べてみますと、社会保険料は

賞与年1回＜賞与年4回＜賞与年2回
の順に高くなっています。

一概には言えませんが、桜井さんの会社のように年収が750万円を超える人が多い会社の場合は、賞与の回数を多くするか、または1回にした方が年2回賞与を支払うより社会保険料を節約することができます。
これは、年収を12に割った場合、厚生年金保険の上限額を超える人が多くなるからです。

年俸制を取り入れる

原則的には、年収が同じであれば賞与のあるなしにかかわらず、社会保険料の額はほぼ同じです。
ただし、前に述べましたが、賞与の社会保険料額に上限があるように、給与の社会保険料にも上限があります。
年収が750万円を超えたあたりから、賞与を支払わないで年収を12等分で支払った方が社会保険料は安くなり始めます。
なぜなら、毎月の給与が厚生年金保険料の上限額（62万円）を超えた場合、給与がいくら高額になっても、保険料は上限額以上にはならないからです。
また、標準報酬月額が上がるため傷病手当金、出産手当金などの給付額も増加します。

年収別　賞与の有無による比較

年収	賞与の有無	月額給与額	月額社会保険料額	賞与額(1回)	社会保険料額(1回)	年間保険料額	差額
480万	あり	282,353円	78,400円	705,882円	197,400円	1,335,600円	42,000円
	なし	400,000円	114,800円	0円	0円	1,377,600円	
600万	あり	352,941円	100,800円	882,353円	246,960円	1,703,520円	-23,520円
	なし	500,000円	140,000円	0円	0円	1,680,000円	
660万	あり	388,235円	106,400円	970,588円	271,600円	1,820,000円	61,600円
	なし	550,000円	156,800円	0円		1,881,600円	
720万	あり	423,529円	114,800円	1,058,824円	296,240円	1,970,080円	12,320円
	なし	600,000円	165,200円	0円		1,982,400円	
750万	あり	441,176円	123,200円	1,102,941円	308,560円	2,095,520円	-12,320円
	なし	625,000円	173,600円	0円		2,083,200円	
780万	あり	458,824円	131,600円	1,147,059円	321,160円	2,221,520円	-102,320円
	なし	650,000円	176,600円	0円		2,119,200円	
840万	あり	494,118円	140,000円	1,235,294円	345,800円	2,371,600円	-180,400円
	なし	700,000円	182,600円	0円		2,191,200円	
900万	あり	529,412円	148,400円	1,323,529円	370,440円	2,521,680円	-282,480円
	なし	750,000円	186,600円	0円		2,239,200円	
960万	あり	564,706円	156,800円	1,411,765円	395,080円	2,671,760円	-384,560円
	なし	800,000円	190,600円	0円		2,287,200円	

※賞与ありは年2回、それぞれ2.5か月分を支給した場合（年収を17等分）
　賞与なしは、年収を12等分した場合

　ただ、長く年2回の賞与を支給している会社の社員にとって、賞与を支給されることを想定してローンを組んだり買い物の予定をされたりしている人も多いでしょう。
　また、賞与は半期の会社業績や個人評価の査定結果で支給するという意味もありますから、賞与額を業績に合わせて増減することも、場合によっては支給

しないこともできます。

仮に、会社の業績が悪くなったとしても、簡単に月給の額を下げることはできません。

賞与制度を変更する場合は、十分注意していただきたいと思います。

役員の社会保険に関しての節約

役員であろうが社員であろうが、社会保険料は変わりません。

じゃあ、どちらから先に社会保険料の節約に着手しても同じでしょうか？

多くの経営者の方は、人数の多い社員から優先的に社会保険料の節約に着手しがちです。

賞与の廃止や回数を変更する場合は、たとえ年収の総額が変わらなくても、就業規則の変更、労働者の同意の取り付けなど手間がかかる作業が発生します。

役員であれば、取締役会で決定すれば即実行できますし、効果は十分期待できます。

社会保険料の節約は役員から優先して検討した方がよいのではないでしょうか。

役員の社会保険加入についての基準

一般社員、パートタイマー、アルバイトなどの社会保険の加入は、下記の基準を満たした場合に加入するということになっています。

1週間の勤務時間	所定労働時間の3/4以上
1か月の勤務日数	所定労働日数の3/4以上

ところが、役員の場合は、この4分の3以上の実績で社会保険に加入するか

どうかが決まるのではなく、下記の6つについて総合的に考え判断します。
 (1) 定期的な出勤の有無
 (2) 役員会の出席の有無
 (3) 社員に対する指示・監督の状況
 (4) 役員との連絡調整の状況
 (5) 法人に対してどの程度の意見を述べ、影響を与える立場にあるか
 (6) 法人からの報酬の支払い実態（社会通念上相当とされる程度の実費弁済的なものであるか否か）
「（昭和24年7月28日）（保発第74号）を補う行政内部（日本年金機構）の運用解釈より」

2か所以上の会社の役員を兼任している場合

　一般社員の場合と違い、役員の場合、2か所以上の会社の被保険者（2か所以上の会社で正社員と同じ扱い）になることが考えられます。

《一方が常勤、もう一方が非常勤の場合》

　一方の会社では常勤役員で、もう一方の会社では非常勤役員、役員報酬は2社から受け取っている方の場合で、非常勤役員での会社での勤務実態が、上記の6つの基準から被保険者と判断されない場合は、常勤である会社のみの加入となります。

《どちらも常勤にあたる場合》

　社会保険加入の6つの基準にどちらの会社でもあたる場合です。
　ちなみに、会社の代表取締役の場合、通常「非常勤代表取締役」という概念がありませんので、どちらも代表である場合もこちらに該当します。
　社会保険は、一か所の会社でしか加入することができませんので、どちらか

の会社で社会保険に加入します。

ただし、社会保険料については、それぞれの会社の報酬を合計したものを、標準報酬月額とさせます。

どちらにするか決めた場合でも、「健康保険・厚生年金保険　所属選択・二以上事業所勤務届」の届出を忘れないよう気をつけてください。

A社で毎月50万円の報酬を、B社で毎月30万円の報酬をもらっている場合は、実体としては50万円＋30万円＝80万円の報酬をもらっていることになりますので、80万円が標準報酬月額となります。

なお、保険料は標準報酬月額により算出された保険料額を、それぞれの会社の報酬月額の比率で按分し、徴収します。

A社の保険料	（50＋30）万円×保険料率×50/80万
B社の保険料	（50＋30）万円×保険料率×30/80万

仮にA社の社会保険に加入することを選択した場合、A社は、80万円で計算した保険料を納付し、B社に対し、B社分の保険料を請求します。

《どちらかの会社が適用事業所でない場合》

前項の例は、2つの会社がどちらも社会保険の適用事業所（社会保険に加入しなければならない会社）の場合です。

では、2つのうち、どちらか1つが社会保険の適用事業所でない場合はどうすればいいでしょうか。

結論から言うと、適用事業所である会社のみ社会保険に加入すれば大丈夫です。適用事業所でない会社で働く場合は、国民健康保険、国民年金に加入しなくてはいけません。ですが、国民健康保険、国民年金に加入している人は同時に健康保険、厚生年金保険に加入することはできません。どちらか1つの保険

制度にしか加入することはできません。どちらかの保険を選択しなくてはいけませんが、その場合は社会保険が優先されます。つまり、適用事業所の報酬のみで社会保険料が決定され納付すればよいということです。

たとえば、適用事業所であるA社で毎月50万円の報酬を、適用事業所でないD社で毎月30万円の報酬をもらっている場合は、たとえ両社とも常勤役員であったとしてもA社でもらっている報酬50万円に対する社会保険料だけを負担すればいいことになります。

適用事業所と適用事業所でない会社両方の役員である場合は、結果として社会保険料が節約できることがあります。

2社兼務で役員の場合

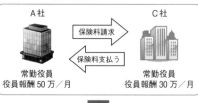

社会保険はA社とB社の報酬を合算してA社で加入
《保険料の出し方》
A社の保険料＝(50＋30)万円＊保険料率＊50/80万
B社の保険料＝(50＋30)万円＊保険料率＊30/80万

仮にA社の社会保険に加入することを選択した場合、A社は、80万円で計算した保険料を納付し、B社に対し、B社分の保険料を請求します。

常勤役員を非常勤役員にする

家族が役員の場合

　中小企業では、夫が代表取締役で妻が取締役という会社がよく見られますが、この場合両者とも被保険者となるため保険料負担が発生します。

　しかし実態は、妻は週2,3日程度しか出勤していないということがあるのではないでしょうか。

　役員であり、役員報酬が払われている場合、原則として社会保険に加入しなくてはいけません。しかし、勤務時間が著しく短い場合、すなわち非常勤の役員の場合は、社会保険の被保険者となりえません（ただし、被保険者であるかどうかの明確な判断基準はないので、実際の取り扱いは管轄している年金事務所に確認してください）。

　ここで、もし、役員の報酬が年130万円以上であれば、個人で国民年金と国民健康保険に加入しなくてはいけませんが、年130万円未満であれば、夫（妻）の扶養家族扱いを受けることができます。

　大事なことは、あくまでも勤務実態によって判断がなされるということです。名目だけ非常勤役員としても勤務実態が常勤であれば、社会保険の被保険者と判断される可能性があります。一般社員の所定労働時間の3/4未満の勤務であることと、受け取る報酬も過大にならないよう気をつけてください。

　また、源泉所得税法上での配偶者控除の考えは違いますので、妻（夫）の報酬を決めるときは注意が必要です。夫（妻）の役員報酬が年1,000万円以上の場合はご注意ください。

夫婦合算の収入にも配慮を

　非常勤役員の活用で対策を講じた場合、夫婦合算の収入にも目を配ることが

必要です。一定の収入がある非常勤役員は、健康保険や厚生年金の対象から外れても、国民健康保険と国民年金に加入する必要があります。

役員の報酬が年130万円以上であれば、個人で国民年金と国民健康保険に加入しなくてはいけませんが、年130万円未満であれば、夫（妻）の扶養家族扱いを受けることができます。

また、60歳以降の年金受給対象者であった場合は、報酬があったとしても社会保険の被保険者ではないため、在職老齢年金の支給停止が発生せず年金を満額受給することができます。

夫婦合せて月額報酬150万円の場合の比較

夫婦ともの常勤役員で勤務

100万

50万

社会保険料の内訳（月額）
夫：211,600円
妻：140,000円
合計：351,600円
年間合計：4,219,200円

妻を非常勤役員にする

142万

8万

社会保険料の内訳（月額）
夫：232,600円
妻：0円
合計：232,600円
年間合計：2,791,200円

年間で約148万円節約

報酬の按分を変更するだけで、年額約148万円の節約になります。

ただし、妻が将来受け取るであろう老齢年金の額が変わってきます。

妻を第三号被保険者とした場合に受け取る老齢基礎年金額と、厚生年金保険額とでは、厚生年金保険に加入していた方が年金額は多くもらえる可能性が高いはずです。

しかし、社会保険料の削減だけを考えると、夫婦で役員に就任している場合は、役員報酬の按分を考えるだけで、社会保険料の節約の効果は大きいです。

年金を受給している常勤役員がいる場合

老齢年金をもらいながら、役員として役員報酬ももらうことは可能です。

ただし、役員報酬額と年齢によってもらえる年金額は調整されます。

厚生年金の調整について

年齢	役員報酬と年金額の関係	支給停止される年金額
60〜64歳	役員報酬＋年金額≦28万円	全額支給
	役員報酬≦46万円かつ年金額≦28万円	（役員報酬＋年金額−28万円）÷2
	役員報酬≦46万円かつ年金額＞28万円	役員報酬÷2
	役員報酬＞46万円かつ年金額≦28万円	（46万円＋年金額−28万円）÷2＋（役員報酬−46万円）
	役員報酬＞46万円かつ年金額＞28万円	46万円÷2＋（役員報酬−46万円）
65歳以上	役員報酬＋厚生年金額≦46万円	全額支給
	役員報酬＋厚生年金額＞46万円	（厚生年金額＋役員報酬−46万円）÷2

※65歳以上の老齢基礎年金は役員報酬にかかわらず全額支給

そこで、年金受給対象者である役員を非常勤にすると**非常勤役員となれば報酬があったとしても、社会保険上の報酬とはみなされず被保険者とならないの**

で、在職老齢年金の支給は停止せず、年金を満額受給することができ、大変有利になります。

60歳以降年金受給対象者

常勤役員　　　勤務状況を変更すると　　　非常勤役員

年金を満額受給できる。
（在職老齢年金の支給停止が発生しない）

ただし、常勤役員を非常勤役員に変更する場合は、実態に沿った変更をしてください。

事前確定届出給与を利用する

役員報酬の総額を変えることなく、支払い方法をかえるだけで社会保険料を節約する方法があります。

> 私（桜井）の役員報酬は年額1200万円です。
> 今までは毎月100万円いただいておりましたが、今期から毎月10万円、賞与として年に1回1080万円いただこうと思っております。
> この場合、どの位社会保険料が節約できますか？

桜井さんの前期までの社会保険料の額と今期からの社会保険料の額を表にま

3. 賃金制度・社内制度を見直して、節約する！

とめると次のようになります。

	前期まで	今期から
月額報酬	1,000,000 円	100,000 円
賞与額	0 円	10,800,000 円
月額社会保険料控除額	209,600 円	28,000 円
賞与の社会保険料控除額	0 円	810,000 円
年間社会保険料控除額合計	2,515,200 円	1,146,000 円

差額：2,515,200 円 − 1,146,000 円 = 1,369,200 円

役員報酬の総額を変えることなく、支払い方法をかえるだけで約137万円節約することができます。

でも、どうしてこんなに節約することができるか不思議に思いませんか？

それは、賞与に対する社会保険料の「上限」を利用したからです。3章の「社会保険料の上限額を利用して節約する」にも記しましたように、社会保険料には上限があります。

賞与に対する負担は、支払い額（1000円未満切り捨て）×保険料率です。

また、健康保険料の限度額は年間（4月から翌年の3月まで）540万円、厚生年金保険料の限度額は1回に付き150万円です。限度額を超えた部分に関しては保険料の負担はありません。ここがポイントです。1080万円の賞与に対して健康保険料は540万円、厚生年金保険料は150万円に各保険料率を掛けたものが負担額になります。

結果として、年間で同じ役員報酬を支払っても、支払方法を変えるだけで約140万円の社会保険料を節約できるわけです。

ただし、この方法を取るには、いくつか事前にやっておかなくてはいけないことがあります。

まず、株主総会を開催して、役員の報酬を決定します。その時に、賞与とし

103

て支払う額をあらかじめ決定します。その後、税務署へ株主総会で決定した事柄（金額、支払い時期等）の届け出をします。これを「事前確定届出給与」の届け出といいます。

そもそも役員賞与は毎月定期的に支払われる役員報酬と違い、税務上損金処理することができません。しかし、「事前確定届給与」の届出をすることでその賞与は損金処理することができるようになります。

A社は12月に500万円、翌年の7月に500万円の賞与を支払うとして届出をしていました。（決算は6月です。）しかし、12月の賞与は届出どおりの500万円を全額支給できましたが、7月の賞与は業績悪化を理由に届出額（500万円）を下回る250万円を支給しましたが、7月の賞与の減額について、税務署に事前確定届出給与に関する変更届出をしていませんでした。

この場合も全額損金扱いしてもらえるでしょうか？

このケースは、「事前確定届出給与」の届出のとおり賞与を支払わなかったとして、賞与額全額（750万円）を損金として認めてもらえませんでした。
もう一度繰り返しますが、事前確定届出給与とは、**税務署に「あらかじめ、いついつの時期にいくらの金額を役員給与として支払う」という届出書を提出**し、実際にその時期に同額の役員給与を支払った場合にのみ、損金として認められる、という制度です。

あわせて、「指定時期に、届け出と全く同額の役員給与」を支払うことが必須の条件となっており、**金額が異なっていれば、その全額が損金として認められなくなります。**

こうなると、社会保険料は節約できたとしても、税務上では750万円損金として処理できなかったことになりますので、法人税の負担が増えることとな

3. 賃金制度・社内制度を見直して、節約する！

り、会社としては結果、損してしまったことになりました。

社長さんの中には、65歳を超えても現役バリバリで働いている方もいらっしゃいますので、この方法を使って**老齢年金を全額受け取りながら、役員報酬も全額受け取る方法**を考えてみましょう。

> 私（桜井）は、今年65歳になりますので、働きながら老齢年金を受給することができるようになりました。
> 毎月役員報酬を100万円いただいた場合は、老齢年金をもらうことはできませんが、事前確定届出給与を利用すれば、老齢年金ももらうことができると聞きました。
> 私はどうすれば良いでしょうか。
> 私の役員報酬は年額1200万円、老齢厚生年金額が120万円（月額10万円）です。

65歳以上の在職老齢年金は、総標準報酬月額相当額（標準報酬月額＋直前1年間の賞与÷12）と年金月額の合計が46万円を超えたところから、超えた分の半分の年金額が支給停止されることとなっています。

月額100万円のままであれば、

(62万円（厚生年金の標準報酬月額の上限）＋ 10万円) ＝ 72万円

72万円 － 46万円 ＝ 26万円

26万円 ÷ 2 ＝ 13万円 ＞ 10万円（年金月額）

となり全額支給停止となります。

役員報酬月額10万円と賞与1080万円（年1回）にすると

(9.8万円（標準報酬月額）＋ 150万円 ÷ 12) ＋ 10万円 ＝ 32.3万円

となり、46万円を超えないため支給停止されることなく、年金全額を受け取れることになります。(厚生年金保険料の限度額は150万円なので、1080万円の賞与を支払っても150万円とみなして計算します。)

年間120万円の年金がもらえるようになれば、その分役員報酬を下げ、社会保険料の会社負担分約70万円を加えると約190万円のコストダウンが図れます。

この、事前確定届出給与を利用して社会保険の節約を図るというやり方ですが当然デメリットはあります。

一番気をつけなくてはいけないことは、「賞与額をいくらとするか」です。

法人税法上、「不相当に高額な役員給与」は損金に不算入となっています。

年収総額は以前と変わらないので問題ないのではないかという考えもありますが、社員に対する給与の支給状況、同業・同規模他社の支給状況と比較して、あまりに高額な社長に対する賞与は損金として認めてもらえない可能性もあります。

また、病気で働くことができなくなった時にもらうことのできる傷病手当金は月額報酬を基準に金額が決まりますので、月額役員報酬が下がると傷病手当金の金額も下がります。

社会保険料を削減するということは、納付する金額が少ないということですから、将来もらえる厚生年金の金額は減ります。

届出どおり支払わなかった場合は、法人税や役員さん個人にかかる源泉所得税が増えてしまうこともあります。この方法を取る場合は、税理士さんの意見を聞いてから行うかどうか判断してください。

諸手当の支払い時期を変更したら節約に？

皆勤手当を隔月で払う

　皆勤手当や精勤手当や役職手当など、手当の対象期間を1か月として毎月支払っている場合は、当然、算定基礎届上4・5・6月の給与にそれぞれ含めなければなりません。

　これをもし、対象期間2か月の隔月支給に変更すると、算定基礎届で計算にいれる給与の額を減らせるので社会保険料を節約できます。支払い月を奇数月の隔月に設定すると、算定基礎届では5月のみ、その手当を含めるだけで済みます。

　ただし、これには落とし穴もあります。

　ただ単純に毎月払っていたものを隔月にしさえすれば、払っていない月には社会保険料の対象にならない、というわけではありません。

　その諸手当が「月」で割れるものは、「月額」を出して、毎月の給与額にオンして社会保険料を算定しなくてはいけないのです。

　ですので、本当は毎月支払うべき「皆勤手当」を隔月で支給しても、その「皆勤手当」が月単位で出せる場合は、各々の月の給与にオンしなくてはいけません。

> 　うちの会社では、給与は毎月1日から末日が計算期間で、支払日は翌月の25日です。
> 　毎月1日も欠勤がなかった場合は、その月は皆勤手当が付きますが、支給は毎月ではなく奇数月の隔月払いとしています。皆勤手当以外の手当はありません。

たとえば、基本給：20万円、皆勤手当：1万円／月の社員が、3月：欠勤なし、4月：1日欠勤、5月：欠勤なし、6月：欠勤なしの場合、皆勤手当は5月25日に1万円、7月25日に2万円支払われます。
　この場合、定時決定時の届出はどのようにすればいいのでしょうか？

給与支払い上では以下のような計算になりますが、

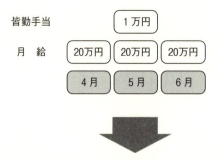

定時決定上では以下のように記載しなくてはいけません。

　ただ、その会社が「皆勤手当」を月単位ではなく、四半期単位、プロジェクトの期間単位で考える方が適正な場合は、この「皆勤手当」を月割りにできませんので、支払った月の報酬と考えます。

　ですから、「社会保険料節約のために隔月にしました」だけでは、このやり方は成り立ちません。
　実際、年金事務所の調査が入った場合、この方法は認められない会社が結構

あります。こういった手当が「合理的」で「実態に合っているか」どうかよくお考えになってください。

交通費を毎月支給するより6か月まとめる方がよい?
　1か月分の定期代を毎月支給しているような場合は、6か月定期での支給に切り替えると保険料を節約できます。また、交通費自体も低く抑えることができるとよく言われていますが、本当でしょうか?

　これは、間違いです。
　6か月定期代を6つに割って、その額を毎月の給与にオンしなくてはいけません。

　通勤定期券は「労働基準法第11条［賃金の定義］」の賃金であり、また、6か月定期乗車券であってもこれはあくまでも便宜上6か月分を一括して払っているだけで、各月分の前渡しと解す、という通達もあります。(昭和25.01.18基収 (旧労働省労働基準局長が疑義に応えて発する通達) 第130号、昭和33.02.13基発 (旧労働省労働基準局長名通達) 第90号)
　ただ、確かに1か月分の定期代より6か月分の定期代を6つに割った方が安いです。
　このことだけを考えると交通費の削減となります。会社としては、社会保険料の節約もさることながら、経費削減になるので、この方法は検討する価値があると思われるかもしれません。
　ですが、「実際に社員に払われる給与額が低くなってしまう」ため、1か月から6か月に変更するときは、「不利益変更」となる可能性があります。
　支給されたとおりに定期を買えば、何も不利益にならないじゃないかとお考えの会社も多いと思いますが、実際に支給される金額が減ってしまうことが

「労働条件の不利益変更」にあたる可能性がゼロではありません。

休職期間を考える

　社員が、業務に起因しない病気によって長期欠勤することはよくあります。しかも、一旦復職した後、また同じ病気で長期欠勤を断続的に繰り返すと会社に与える影響も大きくなってきます。

　休職による長期欠勤で給料が支給されない場合でも、雇用関係にある以上休職者についても社会保険料は発生します。社会保険料は、労使折半ですから社員だけでなく会社にも支払い義務があります。

　給与が０円なのだから、社会保険料を払わなくてはいけないなんておかしい！と思われる経営者もいらっしゃると思いますが、残念ながら雇用関係が継続している限り社会保険料は発生します。

　また、休職中は「随時改定（月額変更）」は行われません。

　休職期間が３か月を超えた場合、報酬は確かに著しく変動しますが、病気などにより一時的に異常な勤務状態によって報酬額に増減額が生じた場合は、随時改定に該当せず月額変更届は提出しません。こうした原因で改定すれば、傷病手当金などの給付日額にも影響し、被保険者の日常生活を基準にして給付を行うという制度本来の目的から逸脱することにもなります。

　ですので、休職期間中はずっと社会保険料は払い続けなくてはいけないのです。

　長期欠勤が続き、会社に取ってなんら利益を生まない社員に対し退職してほしいと思っても、就業規則で休職期間を長めに設定していれば、それまでの間その社員を退職させることはできません。

　したがって、なるべく早めに就業規則上の休職期間を短くし、社会保険料の

節約を図ることをお勧めします。

ただし、休職期間を短縮したとしても、現在休職中の者がいる場合は変更前の休職期間を適用しなくてはいけないことをご注意ください。そうしないと就業規則の不利益変更にあたる可能性があります。

現行の就業規則で、休職期間が6か月となっている場合、それを3か月に短縮すれば、社会保険料もそれに応じて節約できます。

6か月で50万円の社会保険料を負担しているのであれば、3か月で25万円の社会保険料を負担すれば良いことになります。

休職期間を短縮した場合の比較

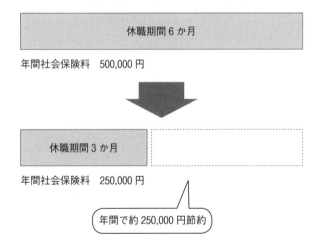

4. 会社の状況に合わせた やり方……裏ワザ編

退職金には「社会保険料」がかからない

　社会保険料は、会社から受け取る報酬を「標準報酬月額」に当てはめて計算すると前述しました。
　また、賞与に関しても、賞与額に保険料率を掛けて社会保険料を算出すると説明しましたよね。
　では、退職金はどうなんでしょうか？
　実は、退職金には社会保険料はかからないのです。

　社会保険料は「報酬」に対して算出されます。
　社会保険法上において「報酬」とは、賃金、給料、俸給、手当、賞与その他いかなる名称であるかを問わず、労働者が、労働の対償として受けるすべてのもので、臨時に受けるもの、および3か月を超える期間ごとに受けるものを除いたものをいいます[1]。
　では、この「報酬」の中には退職金は含まれるのでしょうか？
　国は、退職金は労働の対償ではないという通達[2]を出しておりますので、退職金は「報酬」ではありません。つまり、退職金には社会保険料がかからないのです。健康保険・厚生年金保険だけでなく、労災保険・雇用保険もかかりません。

1　2章 p.47　参照
2　被保険者の受ける贈呈金が、退職金に相当する性質のものは労務の対償として受ける報酬ではない。(昭和26年11月17日保文発第4995号)

退職金制度について

　退職金の考え方がここ数年で変わってきています。特に、平成24年（2012年）に現在の「適格退職年金制度」が廃止されることが決定されたため、廃止することが決まった平成14年（2002年）以降退職金制度を見直す企業が急増しました。

　「適格退職年金制度」とは退職金を支払うための外部積立方法の一つで、その掛金が会計上損金に算入できるという優遇措置が取られていたため、多くの中小企業が利用していました。この制度が廃止になることがきっかけで、今まで退職金制度のあった会社の多くは毎月の給与に、想定される退職金見合い金額を上乗せする「退職金前払い制度」へ移行しました。この方法は経営側としては会計上もすっきりしたものになり、社員も給与の月額が増加するなどメリットの多いしくみです。しかし、この選択をした場合、そもそも給与月額が大幅に増加するために、社会保険・労働保険の負担が会社・社員側とも増加することになり、さらに所得税額なども増加するといった難点もあります。社会保険料の節約にもなりません。

　ただ、対象者全員を退職金を前払いする制度に移管しているところはほとんどなく、社員が前払いか後払いかを選択させる制度を採用している会社がほとんどです。制度移行にあたっては、従来の厚生年金基金、適格退職年金を解散したり解約したり、確定拠出年金、中小企業退職金共済（略称「中退共」）と併用したりして導入するケースが一般的です。

　ちなみに、ファーストリテイリングは適格退職年金を解約、平成14年（2002年）9月から確定拠出年金と前払い制度の選択制に移行しました。また、総合商社の双日も退職金制度を廃止して厚生年金基金を解散、前払い制度と確定拠出年金を導入しています。

先ほども説明しましたように、退職金は、労働保険料や社会保険料の計算対象外です。このため、退職金から源泉所得税、住民税は天引きされても、労働保険料や社会保険料は控除されませんし、会社負担もありません。

　以上のような退職金制度に関する税制や労働・社会保険料の扱いを知ると、退職金を廃止し、給与に上乗せする制度が会社および社員にとって不利なものかわかります。

　退職金は、設計によっては企業経営を大きく左右するものになります。実際、退職金の支払いに苦しんでいる会社が多いことも事実です。

　就業規則に「退職金制度あります」と記載してある場合は、たとえ会社が赤字でも既定とおりに支払わなくてはなりません。また、退職金制度を廃止する場合も、会社の思惑だけで廃止することはできず、就業規則を変更しなければなりません。その場合社員との話し合いが必要です。

　退職金制度を十分に検討し、制度を作り上げることで、税金や社会保険料などの節約だけでなく、社員のモチベーションを上げることも可能です。

● 退職前払い制度は「社会保険料」がかからない？

　そもそも前払い退職金とは、退職時に支払われる退職金相当額の全部または一部を、在職時に前倒しして給与や賞与に上乗せして支払うものです。

　前述したとおり、社会保険料は給与および賞与に関して徴収され、退職を事由として支払われる退職金には徴収されません。

　それでは、前払いであっても、退職金は退職金なので、「社会保険料」はかからないのでしょうか。

　残念ながら、前払い退職金は、退職時に退職を事由として支払われるものではありませんので、社会保険法上では「報酬」として扱われ、社会保険料の対

4. 会社の状況に合わせたやり方……裏ワザ編

償となります[3]。

社会保険料がかからないのは、あくまでも退職時に支給される退職金でなければなりません。

 どのくらい、社会保険料が節約できるのか

> 現在、月給が30万円の社員がいます。30万円のうち、毎月4万円「退職金として積立」していった場合、その社員の社会保険料はどのくらい節約できますか？

毎月の給与の一定額を積み立てていくことによって、その積立金は社会保険料など、税金の算定賃金から除外されることになります。それに伴い、社会保険の標準報酬月額の等級が下がれば、社会保険料が軽減されます。

次ページの図の例ですと、標準報酬月額が2等級下がることになり、会社の社会保険料等負担額は毎月約6,000円節約されることになります。

---

3 被保険者の在職時に、退職金相当額の全部または一部を給与や賞与に上乗せして前払いをする場合は、労働の対償としての性格が明確であり、被保険者の通常の生計にあてられる経常的な収入である。このことから、原則として健康保険法に定める報酬または賞与に該当するものであること。（平成15年10月1日保発第1001001号）

総支給額 30 万円に変更はありません。
退職金の積み立て分を控除した 26 万円に対して社会保険料、源泉所得税がかかってきます。

給与	290,000円
通勤手当	10,000円
総支給額	300,000円

給与	250,000円
通勤手当	10,000円
積立金相当	40,000円
総支給額	300,000円

積立金相当	40,000円

積み立てる4万円は、現在の報酬としてみなされず、4万円を控除した金額に社会保険料などがかかってきます。

健康保険	15,000円
厚生年金保険	27,000円
雇用保険	1,500円
所得税	7,000円
控除合計	50,500円
手取り額	249,500円

健康保険	13,000円
厚生年金保険	23,400円
雇用保険	1,300円
所得税	6,000円
控除合計	83,700円
手取り額	216,300円

　一人あたり、会社負担分社員負担分を合わせて月額12,000円程度節約できるとして、このような社員が100人いたとすると、
月額：12,000円×100人＝120万円
年額：120万円×12か月＝1,440万円
年間で1,440万円の節約になります。

「社会保険料」を節約すると年金額が減る？

> 私、松本は、1990年4月1日生まれです。大学卒業後、2013年4月1日に会社に入社し、65歳になった2055年4月1日に定年退職します。
> 私が「退職金を積立」した場合、どのくらい年金額が減りますか？
> また、どのくらい社会保険料が節約できて、どのくらい「積立」できますか？
> どのくらい「おトク」なんでしょうか？

仮に、20歳から会社員になるまでは、国民年金に加入し、会社員であった期間の平均月給が30万円（初任給が18万円程度、退職時の給与が55万円程度）で、賞与はないとしましょう。そして積立する額は毎月4万円とします。

また、松本さんが男性の平均寿命である、80歳まで（2070年4月1日）生きるとします。

国民年金保険額と厚生年金保険額の計算方法は違います。
大まかな金額（年額）の出し方は以下の表のとおりです。

国民年金保険額	786,500円×保険料納付月数（20歳から60歳になるまで）÷480
厚生年金保険額	2003年3月までの期間に用いる計算式 　平均標準月額×7.5/1000×加入期間の月数×1.031×0.981 2003年3月以降の期間に用いる計算式 　平均標準月額×5.769/1000×加入期間の月数×1.031×0.981

この表から算出した「国民年金保険額」と「厚生年金保険額」を合算したものが、松本さんの年金額(年額)となります。

また、将来、公的年金制度が変わる可能性もあるので、あくまでも「大まか」なシミュレーションとなります。

■年金額はどのくらい減額されるの？

《「積立」をしなかった場合》

国民年金保険額

786,500 円 × 480 月 ÷ 480 ＝ 786,500 円……①

厚生年金保険額

松本さんの入社は2013年なので、「2003年3月以降の期間に用いる計算式」を用いて計算します。松本さんの平均標準月額は30万円、加入期間は2013年4月から2055年3月までの504か月ですので

300,000 円 × 5.769/1000 × 504 か月 × 1.031 × 0.981 ＝ 882,226 円……②

松本さんの年金額(年額)は、

786,500 円(①) ＋ 882,226 円(②) ＝ 1,668,726 円

この金額を65歳から80歳になるまでの15年間受給したとすると、

1,668,726 円 × 15 年 ＝ 25,030,890 円……③

これが「積立」をしなかった、松本さんの年金額総額となります。

《「積立」をした場合》

国民年金保険額

積立をしてもしなくても、国民年金保険額に変更はありません。上記で計算した「積立」をしなかった場合と同額の 786,500 円(④)です。

4. 会社の状況に合わせたやり方……裏ワザ編

厚生年金保険額

　この場合、松本さんの平均標準月額は26万円として計算します。加入期間は504か月です。

260,000円×5.769/1000×504か月×1.031×0.981＝<u>764,596円</u>……⑤

　松本さんの年金額（年額）は、

786,500円（④）＋764,596円（⑤）＝1,551,096円

　この金額を65歳から80歳になるまでの15年間受給したとすると、

1,551,096円×15年＝<u>23,266,400円</u>……⑥

　これが「積立」をした、松本さんの年金額総額となります。

　「積立」した場合、松本さんの将来もらえる年金額は、「積立」しなかった場合と比べて、どのくらい減るのでしょうか。

25,030,890円（③）－23,266,400円（⑥）＝<u>1,764,490円</u>

　この金額が減額される年金額です。

■社会保険料はどのくらい節約されるの？

　社会保険は、40歳を境に「介護保険料」が徴収されるようになります。ですので、40歳未満と、40歳以降の期間を分けて社会保険料の金額を計算します。

介護保険料を控除しない40歳未満の期間（2013年4月から2030年3月までの204か月）

	「積立」なし		「積立」あり		差額	
	松本さん負担分	会社負担分	松本さん負担分	会社負担分	松本さん負担分	会社負担分
健康保険料	15,000円	15,000円	13,000円	13,000円	2,000円	2,000円
厚生年金保険料	27,000円	27,000円	23,400円	23,400円	3,600円	3,600円
児童手当拠出金	0円	450円	0円	390円	0円	60円
雇用保険	1,500円	2,550円	1,300円	2,210円	200円	340円
労災保険料	0円	900円	0円	780円	0円	120円
所得税	7,000円	0円	6,000円	0円	1,000円	0円
控除合計	50,500円	45,900円	43,700円	39,780円	6,800円	6,120円
204か月分の差額					1,387,200円	1,248,480円

介護保険料を控除する40歳以降の期間（2030年4月から2055年3月までの300か月）

	「積立」なし		「積立」あり		差額	
	松本さん負担分	会社負担分	松本さん負担分	会社負担分	松本さん負担分	会社負担分
健康保険料	15,000円	15,000円	13,000円	13,000円	2,000円	2,000円
介護保険料	3,000円	3,000円	2,600円	2,600円	400円	400円
厚生年金保険料	27,000円	27,000円	23,400円	23,400円	3,600円	3,600円
児童手当拠出金	0円	450円	0円	390円	0円	60円
雇用保険	1,500円	2,550円	1,300円	2,210円	200円	340円
労災保険料	0円	900円	0円	780円	0円	120円
所得税	7,000円	0円	6,000円	0円	1,000円	0円
控除合計	52,150円	48,900円	46,300円	42,300円	7,200円	6,520円
300か月分の差額					2,160,000円	1,956,000円

この表から、節約できる金額は

松本さんの社会保険料などの削減額　1,387,200円 + 2,160,000円 = 3,547,200円

会社の社会保険料の削減額　1,248,480 円 + 1,956,000 円 = 3,204,480 円
となります。

■「積立」した金額はどのくらいになるの？

　入社時から退職時までの42年間（504 か月）の毎月4万円積立した金額は、
4万円 × 504 か月 = 20,160,000 円　となります。

　仮に、年1%の単利運用をしているなんらかの「積立方法」で積立をした場合、利益は約 4,200,000 円です。

■では、いくらくらい松本さんは「おトク」になるの？
（削減された社会保険料等：3,547,200 円）−（減額される年金額：1,764,490 円）
+（積立金の利益：4,200,000 円）≒ 6,000,000 円

　松本さんの場合、入社から退職まで、毎月4万円「積立」をすることによって生涯で約 600 万円の利益を得ることができます。

　ただ、これはあくまでも予測の金額です。
　社会保険料は年々上昇することが見込まれていますが、このシミュレーションは健康保険料率 10.0%、厚生年金保険料率 18.0%、介護保険料率 2.0% として計算しています。また、国民年金の支給額も物価上昇率、少子高齢化の影響で現在の支給額よりも低くなる可能性もあります。また、支給開始年齢が現在は 65 歳ですが、66 歳以上に引き上げられる可能性もないとはいえません。
　しかしながら、利率が良いと思われる「積立」をすることによって社会保険料を節約すると、確かに将来もらえる年金額は減額されてしまいますが、社会保険料削減による効果、「積立」をすることによる利益を考えると、結果として、損をすることはないと考えられます。

どういう積立方法があるの？

　使える積立方法・使えない積立方法がありますので、まず、退職金制度を固める必要があります。
　退職金制度については後で説明しますので、まずはどんな積立方法があるかをご説明します。

　大きく分けて「社内積立」と「社外積立」に分かれます。
　「社内積立」とは言葉のとおり、社内で退職金相当額を積み立てておく方法です。
　以前は、退職給与引当金が計上できたため、ある程度の節税にもつながったのですが（損金計上できました）、退職給与引当金が廃止されたため、積み立てている金額は利益となり法人税の対象となります。
　社内積立は手軽に処理できる方法ですが、節税対策の上ではまったくメリットがなく、お勧めできる方法ではありません。

　「社外積立」とは言葉のとおり、退職金の支払原資を会社外に積み立てておくことです。
　具体的には、中小企業退職金共済（略称「中退共」）や生命保険（役員退職金準備として養老保険、従業員退職金準備として養老保険や終身保険など）、損害保険、確定拠出年金、確定給付年金などを利用して社外積立を導入することになります。

　積立方法については、5章にて詳しくご説明します。

養老保険で役員の社会保険料の節約！
—そもそも養老保険って？

養老保険とは、一定額の死亡保障と貯蓄の両方を兼ね備えた生命保険です。

保険期間は一定で、保険期間中に死亡された場合は死亡保険金が支払われ、満期時には死亡保険金と同額の満期保険金が支払われます。

通常の法人契約では、社員の退職金目的に契約することが一般的な利用方法ですが、この保険を上手に活用して社会保険料を節約する方法があります。

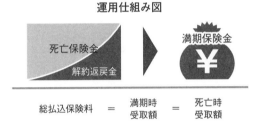

4パターンの契約方法

法人が契約者となり、役員または使用人を被保険者とする養老保険に加入して支払った保険料は、保険金の受取人に応じて次のとおり取り扱われます。

パターン	保険の種類	契約人	途中解約の場合の受取人	受取人	取り扱い
1	死亡保険金	法人	法人	法人	保険契約が終了する時まで損金の額に算入されず、資産に計上する必要があります。
	満期保険金		法人	法人	
2	死亡保険金	法人	法人	遺族	支払った保険料の額は、その役員または社員に対する給与となります。
	満期保険金			本人または遺族	
3	死亡保険金	法人	法人	遺族	支払った保険料の額の1/2は資産に計上し、残額はそれぞれ本人に対する給与になります。
	満期保険金		法人	法人	
4	死亡保険金	法人	法人	法人	支払った保険料の額の1/2は経費（福利厚生費）に計上し、残額はそれぞれ本人に対する給与になります。
	満期保険金		法人	本人または遺族	

どのくらい節約できるのか？

> 専務取締役である社長の妻の役員報酬40万円のうち、25万円を役員報酬として、15万円を養老保険の保険料に充当した場合、社会保険料はどのくらい節約できますか？

◆パターン1の場合

養老保険料は保険契約が終了するまで損金計上することができず、資産として計上します。単純に役員報酬を下げて、その下げた金額分の養老保険として

保険料を拠出するというやり方です。

このパターン1は会社にあまりメリットのある方法ではないと考えられます。なぜなら、今までは480万円すべて報酬として損金計上できていたものが、この方法だと、養老保険料分の180万円を資産計上しなくてはいけなくなり、その金額に法人税がかかってくるからです。法人税≧節約できた社会保険料、となるようなことがあれば、この方法は取らない方がいいでしょう。

なお、満期保険料を受領する時に拠出した金額と受け取る金額の差額は雑収入として課税されます。

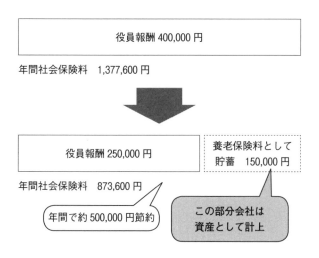

◆パターン2の場合

養老保険料は、税務的に役員報酬扱いとされます。実際にもらっている報酬は毎月25万円ですが、40万円の報酬をもらっているとみなし、40万円に対する源泉所得税が課税されます。

しかし、社会保険料の算定基礎となる標準報酬月額を計算する上で、養老保

険の保険料は含まれませんので、報酬25万円として計算されます。

　結果として源泉所得税は年間で約12万円上がってしまいますが、社会保険料は年間で約50万円の保険料の節約ができ、本人しては38万円、会社としては50万円節約することができることとなります。

　また、この場合、180万円の養老保険をかけていることとなりますので、年末調整時の生命保険料控除の対象となります。

　なお、満期保険料を受領する時に拠出した金額と受け取る金額の差額は一時所得として課税の対象となります。

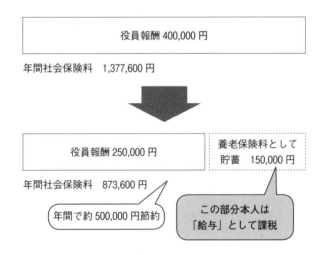

◆パターン3の場合

　養老保険料の2分の1は税務的に資産扱いとされるため、90万円（15万円×12か月×1/2）は資産計上をします。また残りの2分の1は役員報酬として計上できます。

　実際にもらっている報酬は毎月25万円ですが、32.5万円の報酬をもらって

いるとみなして、32.5万円に対する源泉所得税が課税されます。

しかし、社会保険料の算定基礎となる標準報酬月額を計算する上で、養老保険の保険料は含まれませんので、報酬25万円として計算されます。

結果として源泉所得税は年間で約4万円上がってしまいますが、社会保険料は年間で約50万円の保険料の節約ができ、本人しては46万円、会社としては50万円節約することができることとなります。

ただし、会社は、養老保険料分の90万円に対する法人税がかかってきますので、実際に節約できる金額は50万円よりは少なくなってしまうことはお含みおきください。

なお、会社が満期保険料を受領する時に、拠出した金額と受け取る金額の差額は特別利益として課税の対象となります。

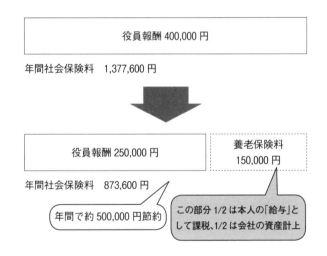

◆パターン4の場合

養老保険料の2分の1は税務的に経費扱いとされるため、90万円（15万円

×12か月×1/2）は経費計上をします。また残りの2分の1は役員報酬として計上できます。

実際にもらっている報酬は毎月25万円ですが、32.5万円の報酬を貰っているとみなして、32.5万円に対する源泉所得税が課税されます。

しかし、社会保険料の算定基礎となる標準報酬月額を計算する上で、養老保険の保険料は含まれませんので、報酬25万円として計算されます。

結果として源泉所得税は年間で約4万円上がってしまいますが、社会保険料は年間で約50万円の保険料の節約ができ、本人しては46万円、会社としては50万円節約することができることとなります。

なお、本人が満期保険料を受領する時に拠出した金額と受け取る金額の差額は一時所得として課税の対象となります。

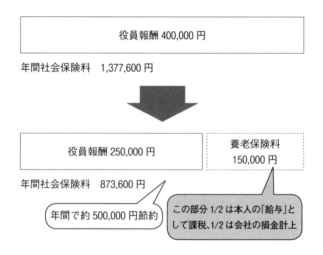

以上のことをまとめ、会社の立場のみで考えると、パターン2がいちばん節約できると思われます。

	会社		本人または遺族	保険の満期時の注意事項
	節約できる金額	法人税	節約できる金額	
パターン1	500,000円	かかる	500,000円	会社が課税される
パターン2	500,000円	かからない	380,000円	本人が課税される
パターン3	500,000円	かかる	460,000円	会社が課税される
パターン4	500,000円	かかる	460,000円	本人が課税される

運用は、同族役員に限定すべき？

　この節約方法は一般社員を対象とせず、同族の役員に限定して検討します。なぜなら、万一この養老保険を解約した場合、すなわち、退任し会社を去った場合、解約返戻金全額が会社に戻ってきてしまうからです。

　パターン1以外の運用を選んだ場合、実際は毎月もらっていない養老保険の掛け金相当金額の「給与」に対し源泉所得税が課税されています。

　それにも関わらず、保険の解約返戻金が受け取れないのでは、その人とのトラブルに発展する恐れもあります。ですので、会社と個人が一体化しているような役員で検討していただきたいのです。

　また、役員を被保険者とする場合であっても、同族以外の人の場合は、同じようなトラブルが起こりうる可能性があるので注意が必要です。

高年齢雇用継続給付制度を利用する

　平成25年4月1日から「高齢者雇用安定法」が改正になりました。これからは、社員が希望すれば65歳までその人を雇い続けなくてはいけません。

　ただし、これは定年を一律65歳にしなさいというものではなく、就業規則上での定年の年齢を迎えた後、本人が希望すれば再雇用または雇用継続をしな

さいという意味です。また、再雇用または雇用継続とはいえ、「今までと同じ労働条件」で働いてもらわなくてはいけないという意味ではありません。

多くの会社では「嘱託社員」という名前で、今までより1日当たりの労働時間が短いとか、週3日勤務などというような働き方をしてもらうことが多いのではないでしょうか。その際、「嘱託社員」の所定労働時間を一般社員の所定労働時間の4分の3程度以下に設定すれば、社会保険に加入しなくてもよくなります。

そうすれば、社会保険に加入する必要がありませんので、それだけで社会保険料の節約にはなりますね。

では、低下しまった社員の収入はどうして補えばいいでしょうか？

それには「高年齢雇用継続給付制度」と「老齢厚生年金」で給与を補っていただければと思います。

「高年齢雇用継続給付制度」とは

「高年齢雇用継続給付制度」とは雇用保険制度の中にある給付制度で、雇用継続給付の一つです。

これは、60歳以上65歳未満で雇用保険に加入している人の各月に支払われる賃金額が、60歳時にハローワークに登録した「みなし賃金月額」に比べて75％未満に低下した場合に、各月に支払われた賃金の最大15％が支給される、という制度です。もちろん誰でもというわけではなく受給要件を満たす必要があります。

「最大で15％」ですから、75％未満なら誰でも15％というわけではなく、各月の賃金額によって一定の計算式のもと計算され、0〜15％の範囲で給付されます。

60歳以降の賃金額によって給付率が違ってくるので、たとえば60歳時の賃

金月額が 30 万円の人の場合、支給額は次の表のようになります。
(各月の賃金が 357,864 円を超える場合は支給されません。また、みなし賃金月額の上限は 469,500 円です。60 歳時の賃金月額が 469,500 円以上の場合はいくら高額でも 469,500 円とみなします[4]。)

60 歳時の「みなし賃金月額」が 300,000 円の場合

60 歳以降の賃金	みなし賃金月額に対する割合	給付金支給率	支給額
225,000 円	75%	0%	0 円
200,000 円	67%	8%	16,000 円
180,000 円	65%	15%	27,000 円

180,000 円の場合は 65％ですから 15％の給付が受けられますが、225,000 円の場合は 75％になるので、給付金は受けられません。

60 歳時の「みなし賃金月額」が 600,000 円の場合

60 歳以降の賃金	みなし賃金月額に対する割合	給付金支給率	支給額
360,000 円	80%	0%	0 円
300,000 円	67%	8%	24,000 円
250,000 円	55%	15%	37,500 円

60 歳時のみなし賃金月額には、上限額と下限額が決まっていて、平成 29 年 7 月 31 日までの上限額は、469,500 円です。

みなし賃金月額が 600,000 円の人も、上限である 469,500 円がみなし賃金月

4　この額は毎年 8 月 1 日に変更されます。

額として登録されます。したがって、この人が60歳以降に600,000円の60%の給与額、360,000円になったとしても、上限額469,500円に対する割合は80%になるので給付金は受けられません。

　この60歳以降の賃金額は、通勤費も残業代等も含む賃金の総額です。
　残業代などの多い月は、賃金額は増え給付金は減額になる、という仕組みになっています。毎月毎月、給付金の金額は変わります。
　なお、支払われた賃金が60歳時の賃金月額の75%未満かどうかを確認するのに、賞与額は一切関係なく、月給の額だけで判断されます。賞与を多くもらっているから給付金の額が減額されるということはありません。

60歳台前半でもらえる「老齢厚生年金」とは

　男性は昭和36年4月2日以前、女性は昭和41年4月2日以前生まれの方で以下の要件に当てはまれば、60歳台前半から「老齢厚生年金」をもらうことができます。

・60歳以上であること
・1年以上社会保険料に加入していたこと
・国民年金と厚生年金の加入期間を合算した期間が、10年以上あること

　では、いつからもらえるのでしょうか。
　支給開始の年齢は生年月日と性別によって違います。
　詳しくは下記の表に年齢と性別を当てはめてみてください。

支給開始年齢	一般男子	一般女子
60歳	昭和24年4月2日から昭和28年4月1日まで生まれの方	昭和29年4月2日から昭和33年4月1日まで生まれの方
61歳	昭和28年4月2日から昭和30年4月1日まで生まれの方	昭和33年4月2日から昭和35年4月1日まで生まれの方
62歳	昭和30年4月2日から昭和32年4月1日まで生まれの方	昭和35年4月2日から昭和37年4月1日まで生まれの方
63歳	昭和32年4月2日から昭和34年4月1日まで生まれの方	昭和37年4月2日から昭和39年4月1日まで生まれの方
64歳	昭和34年4月2日から昭和36年4月1日まで生まれの方	昭和39年4月2日から昭和41年4月1日まで生まれの方

では、いくらもらえるのでしょうか。

これは人によって金額の差が大きいので、詳しくは年金事務所からくる年金定期便をご確認ください。

定年までの給与と定年後の収入差は

私、山﨑は、昭和28年3月5日生まれの男です。

私は正社員としての勤務を9月1日から社会保険に加入しない嘱託社員に変更して勤務し続けることになりました。

勤務形態の変更に伴い給与が、現在の月給30万円から、嘱託社員となるので15〜40％くらい下がります。

一体、どのぐらい手取りが減るのでしょうか。

扶養家族は妻1人です。

山﨑さんの60歳時点月給内訳

月給	300,000 円
健康保険料	15,000 円
介護保険料	2,400 円
厚生年金保険料	27,000 円
雇用保険料	1,500 円
源泉所得税	5,240 円
手取り額	248,860 円

山﨑さんの手取り給与は約 250,000 円です。

【60歳時からどれだけ下がるか】

60歳以降の賃金	手取り給与	給付金支給額	合計	60歳の時からどれだけ下がるか
225,000 円	221,000 円	0 円	221,000 円	29,000 円
200,000 円	197,000 円	16,000 円	213,000 円	37,000 円
180,000 円	175,000 円	27,000 円	202,000 円	48,000 円

　老齢厚生年金の金額が、この下がった金額以上の金額あれば、山崎さんの生活は問題ないですよね。

　25年以上働いていて、60歳前半からもらえる年金額が50,000円を切る人というのはほとんどいませんので、おそらく大丈夫だと思われます。

　ただ、先ほど述べましたように、年金額は人によって本当に大きく違ってきます。年金機構から送られてくる「年金定期便」には、将来もらえるであろう年金のおおよその金額が記載してありますので、こちらの金額をかならず確かめてください。

　この制度を利用するメリットは、会社はもちろん、本人も社会保険料の負担

が0円になることです。ただし、デメリットも多々あります。
　まず、会社としては、「高年齢雇用継続給付制度」の手続きが煩雑であることがあげられます。
　雇用保険系の給付金にかかる手続きは、期限までに手続きを完了しなければ1円ももらえません。「待った！」が効かない制度です。
　もし、手続きが遅れたり忘れたりすると、この給付金相当額を会社が負担しなければいけません。

　本人のデメリットは、
・個人で国民健康保険または任意継続保険に加入しなくてはいけない
・奥さんが60歳未満の場合は、奥さんだけ国民年金に加入しなくてはいけない
・今後は、社会保険の傷病、出産にかかる給付が受けられない
が考えられます。

　社会保険料削減だけを考えると、この方法がメリットの大きい方法であることは確かです。
　ただし、それだけが目的で60歳になったら人はすべて「嘱託社員」にし、社会保険から外すために短時間労働者にする…というのはお勧めできません。

定年後、給与が下がっても社会保険に加入しなくてはいけない人の場合

同日得喪を利用して節約
　毎月の給与（固定的賃金）に著しい変動があった場合、随時改定の手続きを

行い、社会保険料の変更をさせます。(2章参照) ただ、この随時改定は給与が変動した月から4か月後にやっと社会保険料が変更されます。

定年後すぐ「嘱託社員」になり、今までより給与が大幅に下がる場合、4か月も待っていたら給与が無くなってしまいますので、特別に定年退職日の翌日に社会保険の資格を一旦喪失させ、同日付けで新しい給与額で社会保険に加入させることができます。
これを「同日得喪」といいます。

同日得喪のイメージ

> 私、佐々木は60歳です。今月で正社員としての勤務を9月1日から嘱託社員に変更して勤務し続けることになりました。
>
> 勤務形態の変更に伴い給与が、現在の月給50万円から20万円となります。今までもこれからも賞与はありません。
>
> 社会保険料はいつから変更となるでしょうか?

【同日得喪をしない場合】

4. 会社の状況に合わせたやり方……裏ワザ編

【同日得喪をした場合】

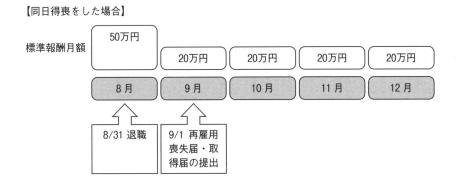

同日得喪しない場合とした場合の保険料の差

	しない場合	した場合
給与	500,000 円	200,000 円
会社負担分健康保険料	25,000 円	10,000 円
会社負担分介護保険料	4,000 円	1,600 円
会社負担分厚生年金保険料	45,000 円	18,000 円
社会保険料合計	74,000 円	29,600 円

　社会保険料は、再雇用後の最初の月から変更となります。ただし、社会保険料の徴収は、今月分が来月に徴収されますので、佐々木さんは9月分の給与では元の社会保険料が天引きされますが、10月分からは新しい社会保険料が天引きされます。

　この手続きによって社会保険料は、
1か月分の差額：74,000 円 − 29,600 円 ＝ 44,400 円
となり、この金額が3か月影響するので、
44,400 円 × 3か月 ＝ 133,200 円の節約となります。

手続きにあたって

　手続きには、再雇用時の雇用契約書等、再雇用したことのわかる書類が必要となります。

　また、社員の誰かが60歳になったからといって年金事務所が「佐々木さんが60歳になりますが、同日得喪しますか？」というような連絡が来るわけではありません。会社自らが動かなくてはいけません。

　ここでも、社会保険の節約のためには「知る」「動く」ことが大事なのです。

● 給与と年金額の調整

　佐々木さんが、嘱託社員になったのをきっかけに老齢年金をもらおうと思った場合、年金はどのくらいもらえるのでしょうか？残念ながら、給与の額が多いと年金は減額されてしまいます。

　では、どのくらい減額されてしまうのでしょうか。

《佐々木さんの厚生年金の調整》

　佐々木さんの標準報酬月額は200,000円で、賞与額は0円なので、総報酬月額相当額は200,000円となります。

　この金額を早見表に当てはめてみると、佐々木さんの年金は80,000円までなら全額ですが、100,000円なら10,000円が減額され、総収入は290,000円となります。150,000円なら35,000円が減額され総収入は315,000円となります。

4. 会社の状況に合わせたやり方……裏ワザ編

年金額の算出方法

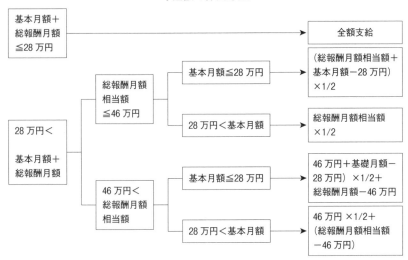

※基本月額=老齢厚生年金額（基金代行部分を含み、加給年金を除く）÷12
※総報酬月額相当額=その月の標準報酬月額+その月以前1年間の標準賞与額の総額÷12

60歳以上65歳未満の在職老齢年金の受取早見表（平成29年4月現在）

単位：万円

基本月額	総報酬月額相当額													
	10	12	14	16	20	22	24	26	28	30	35	40	43	46	49
5	5	5	5	5	5	4.5	3.5	2.5	1.5	0	0	0	0	0	0
10	20	22	24	26	9	8	7	6	5	4	1.5	0	0	0	0
15	25	27	14.5	13.5	11.5	10.5	9.5	8.5	7.5	6.5	4	1.5	0	0	0
20	19	18	17	16	14	13	12	11	10	9	6.5	4	2.5	1	0
25	21.5	20.5	19.5	18.5	16.5	15.5	14.5	13.5	12.5	11.5	9	6.5	5	3.5	2
30	25	24	23	22	20	19	18	17	16	15	12.5	10	8.5	7	5.5

65歳までの最適賃金算出のシミュレーション

では、「高年齢雇用継続給付」と「在職老齢年金」の両方をもらった場合、本人の手取り額がもっとも多くなる給与はいくらになるのでしょうか。

継続雇用後の賃金は、調査によると定年前の5～7割に引き下げたところが多いようです。

しかし、再雇用後の賃金は、手取り額との関係においては、支給金額と比例しないばかりか逆転現象が起きてしまうこともあります。

60歳継続雇用後の手取り賃金は、「給与」、「在職老齢年金」、「高年齢雇用継続給付金」の3つの要素が大きくかかわり、支給賃金を増やしたのに手取り額は少なくなった、といった現象が発生することもあります。

私、佐々木は60歳です。現在、月給50万円です。

今後、会社は私に対して今までの給与の50%～70%程度の給与で再雇用の契約をしたいそうです。

しかし、私も生活があるのであまり手取り金額が減ってしまうのは困ります。せめて今までの80%は欲しいです。

そうなると、私の給与はいくらにするのが適正でしょうか。

今までもこれからも賞与はありません。

在職老齢年金は年額120万（月額10万円）です。

4. 会社の状況に合わせたやり方……裏ワザ編

佐々木さんの給与をシミュレーションしたものが以下の表です。

賃金	60歳時との低下率	社会保険料、税等控除後の給与額	在職老齢年金	高年齢雇用継続給付金	実質手取り月額合計	手取の増加率
500,000円	0%	410,000 円	0 円	0 円	410,000 円	100%
450,000円	10%	370,000 円	0 円	0 円	370,000 円	90%
400,000円	20%	330,000 円	0 円	0 円	330,000 円	80%
350,000円	30%	290,000 円	15,000 円	17,500 円	322,500 円	79%
325,000円	35%	270,000 円	27,500 円	32,500 円	330,000 円	80%
300,000円	40%	250,000 円	40,000 円	45,000 円	335,000 円	82%
250,000円	50%	200,000 円	65,000 円	37,500 円	302,500 円	74%
200,000円	60%	160,000 円	90,000 円	30,000 円	280,000 円	68%

※賃金の手取額は、支給額合計から健康保険料・厚生年金保険料・雇用保険料・源泉所得税を差し引いた金額です。
※計算結果は目安としてご利用ください。

　給与が 400,000 円の時と 325,000 円、300,000 円の時の手取り金額が逆転しているのに気が付かれましたか？
　支給金額と比例せず、逆転現象が起きていますよね。

　会社としては、今までの給与の 50％～70％で再雇用を予定しているので、その範囲でいちばん佐々木さんの手取り額が多いのは、60 歳到達時の給与の 60％が最適賃金だと思われます。
　これは、高年齢雇用継続給付がもっとももらえるのが 60 歳の給与の 60％以下であることが関連しているといえます。（上記の表の「高年齢雇用継続給付金」の欄参照）

　ただし、佐々木さんがそうだからと言って、すべての人が 60 歳到達時の給

与の60%が最適賃金であるというわけではありません。

　厚生年金額は、もらえる金額に個人差がとても大きいものです。
　何年保険料を納付していたか、いくらの給与額に対しての保険料だったか、個人個人でかなり違うものです。また、奥さん、子どもが扶養家族だった場合には、加給年金が加算される場合もあります。本当に個人差が大きいものです。したがって、実際に最適賃金のシミュレーションをする時は年金記録を取り寄せて、対象となる社員の正確な年金額を把握してシミュレーションをしてください。また、給与が下がるということは、標準報酬月額、平均賃金も下がることになります。
　これらの金額に基づいて決定される「傷病手当金」労災保険の「休業補償給付」「障害補償給付」も下がってしまうことを覚えておいてください。

受給にあたって
　在職老齢年金は、偶数月（2、4、6、8、10、12月）に2か月分まとめてそれぞれの前月分と前々分が振り込まれます（4月に、2、3月分）。毎月支給されるわけではないのでご注意ください。
　また、60歳になり年金受給の手続きをしても手続きに3か月程度かかりますので、こちらもご注意ください。

● 業務委託契約を利用する

　労働者を自社の社員として雇い入れると、その労働者と事業主の間に「雇用契約」を締結します。そして、労働の対価として事業主は、その労働者に給与を支払います。この給与に対して社会保険料がかかります。

しかし、「雇用契約」ではなく「業務委託（請負）契約」にした場合には、労働の対価としての給与を支払うのではなく、給与や賃金ではない「委託手数料」を支払うことになります。それには社会保険料はかかってきません。

こんないい方法があったんだ！これを利用しない手はない！と思いませんか。

確かにこれはいい方法です。ですが、この方法を導入するには、越えなくてはいけないハードルがいくつもあります。しかもそのハードルはとても高いのです。

まず、雇用契約と業務委託（請負）契約について説明していきましょう。

「雇用契約」とは

会社が誰か人を雇うときに、その雇われる人と、労働条件について交わす契約のことです。

雇用契約の主な目的は「契約書に書かれてあるとおりに、その人は会社の指揮命令に従い働く代わりに（労働に従事するといいます）、給料を支払います」ということです。労働に従事するということは、会社の指揮命令監督のもとで労働をするということです。何らの指揮命令監督を受けずに自由に働いてよい、という場合は労働に従事しているとはいえず、雇用契約にはなりません。

また、報酬を支払わないで労働の提供を受けるという契約、つまり、タダ働きも雇用契約ではありません。あくまでも、報酬を支払うことが要素となっていなければなりません。

「業務委託（請負）契約」とは

委託者（会社のことです）より特定の業務の処理を委託され、他人の指揮命令下に入らず（会社の指揮命令に従う必要がなく）、自己の道具を使い（会社の備品を使わずに）、委託者に特定の業務の処理を提供する契約のことです。

【業務委託(請負)契約社員か労働者かの判断基準】

次の9つの質問にすべて「はい」と答える場合には、使用従属性がなく、業務委託(請負)契約社員と判断されます(「労働基準法研究会報告」(85年報告)による)。

Q1 仕事の依頼や業務従事の指示を断ることができる。
Q2 仕事を進める上で、具体的な内容や方法の指示はない。
Q3 進捗状況の報告義務や勤務時間の管理はない。
Q4 代わりの者に業務を行わせることができる。
Q5 報酬が、時間・日・月を単位とする労務ではなく、業務の成果に関して支払われている。
Q6 会社は機械、器具の負担はしていない。
Q7 報酬は機械等を負担するため、他の一般社員よりも高い。
Q8 報酬に生活給的な要素はない。
Q9 他の会社の業務を行ってもよい。

その契約は本当に業務委託契約ですか?すべて「はい」ですか?

業務委託(請負)契約は雇用契約と違い、企業にとってはメリットが大きいようです。

業務委託(請負)契約社員の場合、相手方は業者ということになって、(自社の)社員ではなくなります。社員ではありませんので、健康保険や厚生年金、雇用保険などの保険料の負担義務がありません。

また、労働基準法を始めとする労働関係法令が適用されませんので、割増賃金の支払、年次有給休暇の付与、解雇予告の手続き、健康診断の実施、最低賃金の適用もありません。さらに、労働者であれば簡単に解雇をしたり、賃金を

引き下げたりすることはできませんが、業務委託（請負）社員の場合は折り合わなければ契約を打ち切ることも可能です。

業務委託社員と労働者の比較

	業務委託社員	労働者
契　　約	業務委託契約	雇用契約
身　　分	個人事業主	労働者
税金の申告	確定申告必要	原則として源泉徴収
健康保険	国民健康保険	健康保険（政府・健保組合）
年　　金	国民年金	厚生年金保険
労災保険	個人で加入	会社で加入
雇用保険	なし	あり

高いハードルを超えられそうですか？

業務委託（請負）の落とし穴

問題が起きなければ良いのですが、何らかのきっかけでトラブルになったときに、「本当に業務委託（請負）であったのか？」、「実態は派遣だったのではないか？」、「自社の社員として扱っていたのではないか？」と契約自体に問題があると思われ、思いもよらない大きな出費をしなくてはいけなくなる可能性があります。

深刻な問題になるのが、労災事故が起きたときです。個人を相手に業務委託（請負）契約を結んでいる場合に起こる問題です。請負契約の場合は発注者（自社）の社員ではありませんので、発注者（自社）の労災保険は適用されません。

では、誰が治療費や休業補償を行うのかということで問題になり、自社の社員（労働者）であると判断された場合は、企業の責任で補償を行わなければなりません。

　また、自社で社員（労働者）であると判断された場合、加入義務のある社員に社会保険を加入させなかったと思われ、最大2年遡って社会保険料を徴収されるかもしれません。

　形式的に個人と業務委託契約書を取り交わした場合でも、労働時間管理が行われたり、上司の指揮、命令下に労働していたりすると、業務受託者は業務委託者の労働者と判断され、労働基準法をはじめとする労働者保護法が適用されますので、実態的に業務委託契約として運営していくことが大切です。

　業務委託契約にしてしまえば、社会保険料が節約できると安易に思わないでください。どんな契約書を交わしたかではなく、実態としてどういう契約なのかが問題となってきます。

5. 退職金を「積立」て、社員も会社もおトクに

―選択制401kの活用・導入―

🌑 使える積立方法・使えない積立方法

前章で触れた積立方法についてご紹介します。
外部積立方法には、下記の５つがあります。

・中小企業退職金共済（略称「中退共」）
・生命保険
・損害保険
・確定給付年金
・確定拠出年金

ここでは、中小企業退職共済と確定給付年金、確定拠出年金について簡単に説明しましょう。

🌑 中小企業退職共済

中小企業退職金共済制度（略称：中退共制度）は、昭和34年に国の中小企業対策の一環として制定された「中小企業退職金共済法」に基づき設けられた制度です。
この制度の目的は、独自の力で退職金制度を設けることが困難な中小企業のために、事業主の相互共済と国の援助によって退職金制度を確立し、中小企業の従業員の福祉の増進を図るとともに、中小企業の振興に寄与することです。
この制度の運営は、独立行政法人勤労者退職金共済機構（機構）中小企業退職金共済事業本部（中退共）が当たっています。

5. 退職金を「積立」て、社員も会社もおトクに

【加入条件】

この制度に加入できるのは、次の企業です。ただし、個人企業の場合は、常用従業員数によります（※）。

業　種	常用従業員数		資本金・出資金
一般業種（製造業、建設業等）	300 人以下	または	3 億円以下
卸売業	100 人以下	または	1 億円以下
サービス業	100 人以下	または	5 千万円以下
小売業	50 人以下	または	5 千万円以下

（※）常用従業員には、1 週間の所定労働時間が同じ企業に雇用されている通常の従業員とおおむね同等である者であって、①雇用期間の定めのない者②雇用期間が 2 か月を超えて雇用される者を含みます。

加入に対する注意事項

・従業員は、原則として全員加入。ただし、定年などで短期間内に退職することが明らかな従業員や、休職中の従業員、期間を定めて雇われている従業員などは、加入させなくてもかまわない。
・個人企業の場合、事業主は加入することができない。
・法人企業の場合、役員は原則として加入することができない。
・中小企業退職金共済法に基づく「特定業種（建設業、清酒製造業、林業）退職金共済制度」との同一従業員の重複加入はできない。
・社会福祉施設職員等退職手当共済制度に加入している従業員は、中退共制度と重複して加入できない。
・小規模企業共済制度に加入している方は中退共制度と重複して加入することができない。

【掛金】

掛金は全額事業主負担です。

掛金月額は、5,000 円・6,000 円・7,000 円・8,000 円・9,000 円・10,000 円・12,000 円・14,000 円・16,000 円・18,000 円・20,000 円・22,000 円・24,000 円・26,000 円・28,000 円・30,000 円までの16種類です。ただし、短時間労働者に限り、特例掛金として、2,000 円・3,000 円・4,000 円からも選択可能です。

【メリット】
(1) 掛金に国の助成があります
新しく中退共制度に加入する事業主に
①掛金月額の2分の1（従業員ごと上限5,000円）を加入後4か月目から1年間、国が助成します。
②パートタイマー等短時間労働者の特例掛金月額（掛金月額4,000円以下）加入者については、(1)に次の額を上乗せして助成します。

掛金月額	上乗せ額
2,000 円	300 円
3,000 円	400 円
4,000 円	500 円

③掛金月額が18,000円以下の従業員の掛金を増額する事業主に、増額分の3分の1を増額月から1年間、国が助成します。
20,000円以上の掛金月額からの増額は助成の対象にはなりません。

(2) 中退共制度の掛金は、法人企業の場合は損金として、個人企業の場合は必要経費として、全額非課税となります
ただし、資本金または出資金が1億円を超える法人の法人事業税については、外形標準課税が適用されますのでご留意ください。

【デメリット】
(1) 掛金を拠出する年数が1年未満の場合の退職金は不支給です。しかも今まで掛けてきた掛金は戻ってきません。
(2) 掛金を拠出する年数が3年6か月を超えないと掛金納付総額を上回りません。
(3) どんな退職理由でも直接本人に支払われます。ただし、従業員を懲戒解雇したような場合、厚生労働大臣の認定を受けたうえで、退職金を減額することができますが、手続きは煩雑ですし、今まで掛けた掛金は戻ってきません。

確定給付年金

　確定給付年金は、平成13年（2001年）に日本で導入された年金制度です。老後の年金給付額の目標金額を現役時代に定めて（確定して）おき、将来の給付額から逆算して割り出し、現役時代から掛け金を拠出する年金のことです。
　すなわち、**老後の受給額（の計算方法）を前もって確定**した年金です。ただし、予定通りに年金資産の利回りが確保できない場合などで確定した受給額を確保できない場合や、長寿により、予定した額よりも多くの資金が必要となる場合は、企業が追加資金を拠出する必要があります。

【基金型と規約型】
　「基金型」は「企業年金基金」という法人を母体企業とは別に設立して、年金資産を管理・運用し、給付を行う企業年金です。規約型企業年金と比較すると、母体企業からの独立性が強く、基金自ら年金資産を運用（いわゆる自家運用）することも可能です。

「規約型企業年金」は、事業主と従業員が合意した年金規約に基づき、事業主が主体となり実施する企業年金制度です。企業はかならず、信託会社や生命保険会社などと資産管理運用契約を締結し、母体企業の外で年金資産を管理・運用し、年金給付を行います。

基金型と規約型の比較

	基金型企業年金	規約型企業年金
制度の実施主体	母体企業とは別の法人格を持った基金を設立した上で、基金において年金資金を管理・運用し、年金給付を行う	労使合意の「規約」を結びその資金の運用は信託会社、生命保険会社、投資顧問業者等に契約で任せるのが原則
人数要件	加入者数300名以上	無し
掛金	原則として事業主が負担。ただし、本人同意の上、2分の1を上回らない範囲で本人に負担させることも可能毎年、積立金が責任準備金額(継続基準)、最低積立基準額(非継続基準)を上回るかを計算し、不十分な場合は法令の定めによって掛金を見直す必要があり	
拠出限度額	無し(給付額によって決定する)	
税制面 拠出時	非課税(事業主が拠出した掛金額は、全額損金算入・加入者が拠出した掛金額は、生命保険料控除	
税制面 運用時	特別法人税課税(平成32年度まで凍結)	
税制面 給付時	1. 年金として受給:公的年金等控除(標準的な年金額までは非課税) 2. 一時金として受給:退職所得控除	

● 確定拠出年金

確定拠出年金は、平成13年(2001年)に日本で導入された年金制度です。アメリカでは内国歳入法(日本の所得税法・法人税法にあたる)の401条(k)項に基づく確定拠出年金制度がすでに主流となっており、わが国ではこれを参考にして作られたことから、「日本版401(k)」と呼ばれています。確定拠出

年金とは、毎月一定額を個人ごとに積み立てていき、掛金とその運用益の合計額をもとに将来受け取れる年金額などが決定される仕組みです。

【企業型と個人型】

　企業型の場合、毎月の掛金は全額企業が負担し、個人型では、加入者自身が拠出することになります。企業型と個人型の両制度に重複して加入することはできません。

企業型と個人型の大まかな比較

	企業型年金	個人型年金
制度の実施主体	企業型年金規約の承認をうけた企業	国民年金基金連合会
加入対象者	1. 実施企業に勤務する社員	1. 自営業者等 2. 厚生年金保険の被保険者（公務員や私学共済制度の加入者を含む。企業型年金加入者においては、企業年金規約において個人型年金への加入が認められている方に限る。） 3. 専業主婦（夫）等
掛金の拠出	事業主が拠出 （規約に定めた場合は加入者も拠出可能）	加入者個人が拠出 （企業は拠出できない）
拠出限度額	1. 厚生年金基金等の確定給付型の年金を実施していない場合：55,000円（月額） 2. 厚生年金基金等の確定給付型の年金を実施している場合：27,500円（月額）	1. 自営業者等：68,000円（月額） ※国民年金基金の限度額と枠を共有 2. 厚生年金基金等の確定給付型の年金を実施している場合：12,000円（月額） 3. 企業型年金のみを実施している場合：20,000円（月額） 4. 企業型年金や厚生年金基金等の確定給付型の年金を実施していない場合（下記5の方を除く）：23,000円（月額） 5. 公務員、私学共済制度の加入者：12,000円（月額） 6. 専業主婦(夫)等：23,000円（月額）

税制面	拠出時	非課税（事業主が拠出した掛金額は、全額損金算入・加入者が拠出した掛金額は、全額所得控除（小規模企業共済等掛金控除））	非課税（加入者が拠出した掛金額は、全額所得控除（小規模企業共済等掛金控除）
	運用時	特別法人税課税（平成32年度まで凍結）	
	給付時	1. 年金として受給：公的年金等控除（標準的な年金額までは非課税） 2. 一時金として受給：退職所得控除	

いったいどれを選べばいいの？

では、社会保険料の節約のためにはどれが「使えて」どれが「使えない」のでしょうか？　おおまかな特徴は以下の表のとおりです。

種類	掛け金	拠出金	加入者	受取人	国の助成	会社経理処理	注意事項1	注意事項2
中小企業退職金共済（略称「中退共」）	5,000円から30,000円までの16種類	会社からのみ	全員	社員のみ	あり（1年間）	全額損金計上	1年未満の場合は、不支給、3年以内では積み立てた額より少なくなる	原則どんな理由で辞めても（懲戒解雇でも）、退職金の支払いを拒否できない。
生命保険	任意	会社からのみ	会社が加入させるかどうか選べる	会社、社員どちらでも可	なし	一部または全部損金計上	短期で退職する人に取って不利益。	
損害保険	任意	会社からのみ	会社が加入させるかどうか選べる	会社、社員どちらでも可	なし	一部または全部損金計上	短期で退職する人に取って不利益。	
企業型確定拠出年金	毎月「一定」または「一律」	会社からの拠出に加え、規約に定めれば、個人からの拠出も可能。	希望者全員	社員のみ	なし	全額損金計上	運用は社員自身なので、運用成績（手に入れる金額）は社員自身の責任となる	原則60歳にならないと現金化できない

5. 退職金を「積立」て、社員も会社もおトクに

個人型確定拠出年金	毎月「一定」または「一律」	個人からの拠出のみ（会社の拠出不可）	・企業年金等の対象となっておらず、かつ企業型の確定拠出年金の対象となっていない企業の従業員 ・自営業者等	社員のみ	なし	全額損金計上	運用は社員自身なので、運用成績（手に入れる金額）は社員自身の責任となる	原則60歳にならないと現金化できない
基金型企業年金	満期額に合せて毎月変動	会社からの拠出に加え、規約に定めれば、個人からの拠出も可能。	希望者全員	社員のみ	なし	全額損金計上	毎年、積立金が責任準備金額（継続基準）、最低積立基準額（非継続基準）を上回るかを計算し、不十分な場合は法令の定めによって掛金を見直す必要があり	原則60歳にならないと現金化できない
規約型企業年金	満期額に合せて毎月変動	会社からの拠出に加え、規約に定めれば、個人からの拠出も可能。	希望者全員	社員のみ	なし	全額損金計上	毎年、積立金が責任準備金額（継続基準）、最低積立基準額（非継続基準）を上回るかを計算し、不十分な場合は法令の定めによって掛金を見直す必要があり	原則60歳にならないと現金化できない

〈使える条件〉

(1) 今の給与の一部を「積立」とする

(2) 積立をすることで社会保険料だけでなく、源泉所得税も節約できること

(3) 毎月の「積立額」が変わらないこと

(4) 会社の負担金はないこと

(5) 積立金額を社員が自分で決めることができること

(6) たとえ短期間で退職したとしても積み立てたお金が不支給ではないこと

この条件から、5つの積立方法をひとつひとつ考えていきましょう。

中退共

中退共は、給与の一部を「積立」をするのではなく、会社が退職金の原資として積み立てるものですので、この条件にあてはまりません。

また、1年以内に辞めた場合は不支給になりますので、この点からもこの条件にあてはまりません。

生命保険、損害保険

生命保険、損害保険は、保険の種類によりますが、源泉所得税の節約にならなかったり、会社の負担金が出たり（拠出した金額の2分の1を資産計上しなくてはいけないケースがあります）しますのでこの条件にあてはまりません。

確定給付年金

確定給付年金は、満期時に「決まった金額」をもらう形の年金なので、どうしても、運用の仕方によって毎月の「積立額」が変わってしまいます。これもこの条件にあてはまりません。

確定拠出年金

残ったのは確定拠出年金となりますが、この「積立」方法もある一定の条件の下でないと、条件を満たすことができません。

当然ですが、大前提として給与の一部を「積立」することですから、「個人型年金」の会社は積立金を拠出することができないため、この条件に合いません。ただし、「企業型年金」でも、社員個人（ここでは加入者と呼びます）が「積立金」を拠出できるような規約を作らなくてはいけません。

また、会社が「積立金」を拠出してくれるのならともかく、個人の給与の一部を「積立」する場合、積立を会社が強制するのは望ましくありません。社員一人一人が「積立」するかしないかを社員自身で選択できる方法でないといけません。

そうなると、この条件に合う「ある一定の条件」とは、
・社員自身が自分の給与の一部を確定拠出年金の拠出金とすることができる。
・積立をするかどうかは強制ではなく自分で決めることができる。

いわゆる「選択制確定拠出年金」(選択制401k) というものになります。

「選択制確定拠出年金」(選択制401k) とは

一言でいうと、確定拠出年金をするか、しないか、それを従業員各々の「選択」に任せるという制度です。

企業型確定拠出年金には社員を全員加入させなければいけないと誤解をされている方がいらっしゃいますが、希望者のみ加入することに関しては、「確定拠出年金制度の法令解釈について」に、"従業員のうち、「加入者となることを希望した者」のみ企業型年金加入者とする"と記載されています(次ページ「確定拠出年金制度の法令解釈について」参照)。

また、社員の給与の一部を確定拠出年金として拠出することも問題ありません。こちらは厚労省のHPに記載されている「確定拠出年金Q&A」によると、「給与や賞与の減額の可否については、給与規程の問題である。」と回答されています。

要するに、賃金規程を適切に改定すれば、給与の一部を確定拠出年金の掛け金とすることが認められるということです。

《参考》 確定拠出年金法並びにこれに基づく政令及び省令について（法令解釈）

第1　企業型年金規約の承認基準に関する事項

企業型年金規約の承認基準については、確定拠出年金法（以下「法」という。）第3条第3項及び確定拠出年金法施行令（以下「令」という。）第6条に規定しているところであるが、企業型年金加入者の範囲（「一定の資格」の内容）、事業主掛金の算定方法、事務費の負担及び企業年金制度等からの資産の移換に関する事項については、それぞれ次の取扱いとすること。

1．企業型年金加入者とすることについての「一定の資格」の内容

（1）法第3条第3項第6号中の「一定の資格」として定めることができる資格とは、次の(1)から(4)に掲げる資格であり、これら以外のものを「一定の資格」として定めることは、基本的には特定の者に不当に差別的な取扱いとなるものであること。

(1)「一定の職種」

　「一定の職種」に属する従業員（企業型年金を実施する厚生年金適用事業所に使用される被用者年金被保険者をいう。以下同じ。）のみ企業型年金加入者とすること。

(注)「職種」とは、研究職、営業職、事務職などをいい、労働協約若しくは就業規則又はこれらに準ずるものにおいて、これらの職に属する従業員に係る給与や退職金等の労働条件が他の職に属する従業員の労働条件とは別に規定されているものであること。

(2)「一定の勤続期間」

　実施事業所に使用される期間（いわゆる勤続期間）のうち、「一定の勤続期間以上（又は未満）」の従業員のみ企業型年金加入者とすること。

(3)「一定の年齢」

　実施事業所において企業型年金を実施するときに、「一定の年齢未満」の従業員のみ企業型年金加入者とすること（合理的な理由がある場合に限る。）。

(注) 一定の年齢で区分して加入資格に差に設けることは、基本的には合理的な理由がないと考えられることから認められないが、企業型年金の開始時に50歳以上の従業員は、自己責任で運用する期間が短く、また、60歳以降で定年退職してもそのときに給付を受けられないという不都合が生じるおそれがあることから、50歳以上の一定の年齢によって加入資格を区分し、当該一定の年齢以上の従業員を企業型年金加入者とせずに、当該一定の年齢未満の従業員のみ企業型年金加入者とすることはできるものであること。

なお、見習期間中又は試用期間中の従業員については企業型年金加入者としないことができるものであること。

(4)「希望する者」

　従業員のうち、「加入者となることを希望した者」のみ企業型年金加入者とすること。

（2）企業型年金加入者とすることについて「一定の資格」を定める場合には、基本的には、

ア　上記（1）の（1）及び（2）に掲げる場合においては、企業型年金加入者とならない従業員については、厚生年金基金（加算部分）、適格退職年金又は退職手当制度（退職手当前払い制度を含む。）が適用されていること

イ　上記（1）の（3）及び（4）に掲げる場合においては、企業型年金加入者とならない従業員については、退職手当制度（退職金前払い制度を含む。）が適用されていること

> とするとともに、当該制度において企業型年金への事業主掛金の拠出に代わる相当な措置が講じられ、企業型年金加入者とならない従業員について不当に差別的な取扱いを行うこととならないようにすること。

「選択制確定拠出年金」のイメージ

　現在は上図左のように額面給与金額から、税金や社会保険料が控除されたものが手取りとなっています。そして、その手取り額の中から、個人それぞれが貯蓄を行っているとします。

　それに対し、「選択制確定拠出年金」を導入した場合、上図右のように最初に給与の中から自分で決めた金額を確定拠出年金の掛金として積み立てます。

　その後、その掛金を差し引いた金額に対し、税金や社会保険料が控除されます。先に貯蓄したい金額を確定拠出金の掛け金として拠出することにより、社会保険料および税金の対象となる給与が減額になりますので、会社は社会保険料の節約を図ることができ、社員は社会保険料、源泉所得税の節約をすることができるわけです。

選択制確定拠出年金に加入するための条件

　大原則として、選択制確定拠出年金に加入できる人は、以下の（1）～（3）

5. 退職金を「積立」て、社員も会社もおトクに

のすべてに該当する人です。

社員である、役員である、勤務年数の多い少ないなどは関係ありません。

(1) 厚生年金に加入している
(2) 原則として60歳未満である
(3) 本人自身が加入を希望している

今までの選択制確定拠出年金の加入資格年齢は60歳未満ですが、平成26年1月1日より、65歳未満までの加入が可能となりました。ただし、年金規約で加入資格年齢の上限を（60歳から65歳までの任意の年齢、たとえば61歳までとか63歳までとか）を決めなくてはいけません。企業ごとに企業型年金規約を変更する必要がありますので、規約変更を行わない場合の加入年齢は現在の60歳のままです。

なお、規約を変更して、65歳まで加入年齢を引き上げた場合、受給開始年齢もセットで引き上がってしまい、65歳までは一律（選択制確定拠出年金に加入している全員）で老齢給付金を受給できない（今までのように60歳では受給できなくなる）こととなってしまいますので、注意が必要です。

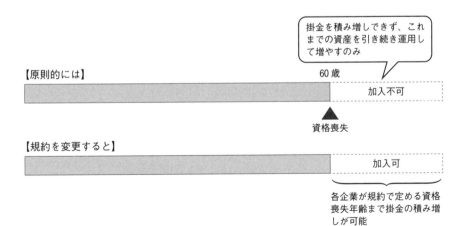

◆正社員、役員しか加入できないの？

　会社は、差別的な取り扱いを行わないよう、すべての従業員に選択制確定拠出年金の加入対象者となるように措置するべきものとされています。ですので、大原則として上記の加入できることの3つの条件にあてはまる場合、どのような就業の形態の従業員でも選択制確定拠出年金に加入させなくてはいけません。法律上、正社員と同じような仕事をしていて、しかも、勤務時間が正社員並みであり、何年も勤務し続けているような労働条件が正社員並みのパートタイマーや契約社員に関して差別をしてはならないと定められています。（パートタイム労働法）

　ですが、労働条件が正社員と著しく異なっている者について、選択制確定拠出年金の加入対象者としないことは、かならずしも「差別」にはあたらないと、厚生労働省からの通知があります。

　もし、パートタイマー、契約社員を選択制確定拠出年金の加入対象からはずしたい場合は、就業規則にその旨を記載する必要があります。

　ただ、会社が「この人勤務態度が悪いから加入対象からはずそう」とか「良く休むから加入対象から外そう」「女性だから外そう」などということは差別になりますのでご注意ください。

◆何歳まで加入ができるの？

　原則としては、60歳未満までですが、65歳未満の方でも加入することは可能です[1]。

　ただし、60歳から老齢給付金を受給するためには、60歳になった時点での加入期間が10年あることが必要です。（年金規約で加入年齢の上限を65歳と定めた場合は65歳にならないと老齢給付金は受給できません。）

---

[1] 年金規約で加入資格年齢の上限を65歳と決めた場合。

加入した時期が遅かった場合（60歳になった時点での加入期間が10年ない場合）は、60歳になった時点の加入期間の長さに応じて受給開始の時期が遅れます。加入期間が10年に満たないから、60歳になった段階で今まで積み立てていた金額が戻ってくるというわけではありません。

◆中途加入はできるか

選択制確定拠出年金に加入するためには、加入を希望しなくてはいけませんが、時期についての定めはありません。いつでも加入することができます。

この制度の導入時、または入社時に加入を希望しなかった方でも、後日、希望すればいつでも加入することができます。

◆途中で掛金をお休みできるか

選択制確定拠出年金に加入した後は、原則として掛金を休止することはできませんが金額を変更することは可能です。ただし、掛金を0円に変更することはできません。

◆退職する予定の人も加入できるか

前述の大原則の3つの条件をクリアしている人は近々退職する予定の人も加入はできます。

◆加入者が退職した場合

選択制確定拠出年金だけでなく、確定拠出年金の特徴のひとつとして、退職した時に、積立をやめることなく続けることができます。

このことをポータビリティがあるといい、確定拠出年金制度の大きな特徴の一つになります。雇用流動化時代に適した特徴だといえます。

具体的な取扱いは、退職後自営業者になるか、別の会社に転職するか、ある

いは専業主婦になるか色々なパターンが考えられます。

(1) 自営業者（国民年金第一号被保険者）になった場合

　自営業者（国民年金第一号被保険者）になった場合には、個人型確定拠出年金の加入者[2]になることができます。この場合、年金資産の運用を行うとともに新たに掛金を増やすことができます。上限額は月額68,000円です。

　また、新たに掛金を拠出せず、個人型確定拠出年金の運用指図者[3]になることができます。

(2) 企業型確定拠出年金を実施している会社に転職した場合

　企業型確定拠出年金を実施している会社に転職した場合には、引き続きその会社の企業型確定拠出年金の加入者になることができます。この場合、年金資産の運用を行うとともに新たに掛金を増やすことができます。上限額は月額55,000円です。（厚生年金基金、確定給付企業年金と併用している場合の掛金の上限は月額27,500円となります。）

(3) 企業型確定拠出年金を実施していない会社に転職した場合

　企業型確定拠出年金を実施していない会社に転職した場合には、その会社が厚生年金基金、確定給付企業年金といった企業年金を実施しているかどうかによって以下のように取扱いが変わります。

《企業年金を実施していない場合》

　個人型確定拠出年金の加入者になることができます。この場合、年金資産の運用を行うとともに新たに掛金を増やすことができます。上限額は月額23,000円です。新たに掛金を拠出せず、個人型確定拠出年金の運用指図者になることができます。

2　加入者とは、掛金を拠出し、かつ運用の指図を行う方をいいます。
3　運用指図者とは、掛金を拠出せず、運用の指図のみを行う方をいいます。

《企業年金を実施している場合》

個人型確定拠出年金の加入者になることができます。この場合、年金資産の運用を行うとともに新たに掛金を増やすことができます。上限額は月額20,000円です。新たに掛金を拠出せず、個人型確定拠出年金の運用指図者になることができます。

(4) **サラリーマンの専業主婦（国民年金の第三号被保険者）になった場合**

個人型確定拠出年金の加入者になることができます。この場合、年金資産の運用を行うとともに新たに掛金を増やすことができます。上限額は月額23,000円です。新たに掛金を拠出せず、個人型確定拠出年金の運用指図者になることができます。

(5) **公務員になった場合**

個人型確定拠出年金の加入者になることができます。この場合、年金資産の運用を行うとともに新たに掛金を増やすことができます。上限額は月額12,000円です。

なお、通算加入期間が3年以下、または資産額50万円以下であれば、脱退一時金を受給することができます。

離・転職した場合の早見表

離・転職した場合	離・転職先	資産の移換先	新たな掛金の拠出	運用
	自営業	個人型	○	○
	企業型確定拠出年金実施企業	企業型	○	○
	企業年金等実施企業	個人型		○
	企業年金等未実施企業	個人型	○	○
	専業主婦	個人型	○	○
	公務員	個人型	○	○

掛金について

　非課税として積み立てられる確定拠出年金の掛金には、上限額が定められています。

　　他の企業年金制度[4]を実施していない場合・・・55,000円／月
　　他の企業年金制度を実施している場合・・・・27,500円／月

　上限額は決まっていますが、企業型確定拠出年金の下限額は決まっていません。ただし、個人型確定拠出年金の下限額は5,000円と決まっており、上限額まで1,000円きざみで拠出金を設定できます。

　企業型確定拠出年金の下限額が決まっていないからといっても、確定拠出年金は「自助努力による老後資金準備・資産形成」が目的ですので、あまりにも低い拠出金では資産形成することができません。

　実態は月額3,000円を下回る掛金を設定している企業はほとんどありませんし、この金額を下回る制度設計もお勧めしません。

　また、掛け金の額のきざみについても、法律上での定めはありませんが、事務処理の簡便化を図るためにも1,000円、2,000円、5,000円単位で制度設計をした方がよいと思います。

社会保険料削減のためは、掛金をいくらにすればいい？

　1章で述べましたように、社会保険料は標準報酬月額ごとに決定されます。
　以下の表を見ていただくとおわかりになると思いますが、社会保険料は報酬の金額に保険料率を掛けるのではなく、一定の枠を設けてその枠の中に入って

4　他の企業年金制度とは、確定給付企業年金、厚生年金基金、適格退職年金、私立学校教職員共済、石炭鉱業年金基金を指します。

いる金額での社会保険料は同額と設定されています。選択制確定拠出年金で掛金を拠出して社会保険料を節約するためには、標準報酬月額の等級が変わる程度の掛金を拠出しなくてはなりません。

標準報酬月額等級区分表（一部抜粋）

等級		報酬月額	標準報酬	社会保険料
健	年	以上～未満	月額	
16	12	185,000 ～ 195,000 円	190,000 円	52,820 円
17	13	195,000 ～ 210,000 円	200,000 円	55,600 円
18	14	210,000 ～ 230,000 円	220,000 円	61,160 円
19	15	230,000 ～ 250,000 円	240,000 円	66,720 円

等級ダウン　→　保険料ダウン

たとえば、225,000 円の給与を支給されている方の場合、報酬の支給額は 210,000 円以上 230,000 円未満の等級にあたりますので、標準報酬月額は 220,000 円となります。仮に、この方の掛け金が 5000 円とした場合、給与の支給額が 220,000 円となり、標準報酬月額は 220,000 円のままです。

これでは社会保険料の節約効果はありません。

社会保険料を節約するためには、少なくとも**標準報酬月額が1等級以上下がるような掛金を設定**しなくてはいけません。

● 掛金を設定する時の注意

掛金が多ければ多いほど、社会保険料などの節約ができますし、老後資金もたまり、利息（運用益）も大きくなります。

ただし、確定拠出年金の年金資産は、原則 60 歳前に引き出すことができませんし、この年金資金を担保にお金を借りることもできません。仮に、生活費

が足りなくなったとか、急にお金が必要になったとしても引き出すことはできません。途中で掛金を減額することはできますが中断することはできません。（掛金を0円にすることもできません）

　長期に渡って拠出していくことが基本ですので、無理をしない程度の金額に設定することが大事ですが、社会保険料の節約、老後資金の貯蓄を考えると、少なくとも標準報酬月額が1等級以上下がる程度の掛金は設定していただきたいものです。

　役員が選択制確定拠出年金に加入する場合の掛金を設定する場合は、税務的には「役員報酬の減額変更」と捉えられます。原則として役員報酬は決算時に決定されたら、次の決算時まで変更することはできません。ただし、「減額変更」の場合はこの限りではありませんが、税務上の余計なトラブルを防ぐためにも、事前に顧問税理士に相談の上、拠出時期を検討してください。

　選択制確定拠出年金に加入した後は、原則として掛金を休止することはできません。ただし、休職期間（会社都合以外）、育児休業期間、介護休業期間中は、無給の期間に限り、掛金を休止することができます。

　それ以外の理由で掛金を停止した場合は、制度から脱退し、各加入者は企業型から個人型に資金を移換して運用を継続します。

　掛金の額の変更に関しては、掛金の上限額を超えない限り可能です。

● 社会保険料はいつから削減できるの？

　社会保険料を削減するためには、標準報酬月額の等級を下げる必要があります。ただし、その等級が1等級下がる場合と2等級以上下がる場合とでは、社会保険料の変更時期がまったく異なってきます。

5. 退職金を「積立」て、社員も会社もおトクに

前述しましたように、社会保険料の変更のタイミングは大別して、3つです。
(1) 資格取得時の決定（入社時）
(2) 定時決定（毎年9月）
(3) 随時改定（給与が著しく変更になった時）

1等級下がった場合は、(2)の定時決定時、2等級以上下がった場合は(3)の随時改定時に社会保険料が変更されます。

《定時決定時に変更される場合》

たとえば、225,000円の給与を支給されている方の場合、4月の給与支給までに掛金20,000円を設定し、拠出し始めたとします。

その場合、その方の給与は205,000円となりますので、標準報酬月額は200,000円となります。このまま、4月、5月、6月に支給される給与が同額だった場合、3か月の平均給与は205,000円ですので、定時改定での標準報酬月額は200,000円となり、9月分の社会保険料（10月支給の給与）から社会保険料が減額されます。

この方が、6月の給与支給から掛金20,000円拠出した場合は、4月、5月、6月の平均給与は218,333円となり、標準報酬月額は220,000円のままですので、社会保険料は減額されません。

ただし、次の年の4月、5月、6月の平均給与は205,000円となり、標準報酬月額が200,000円となりますので社会保険料が減額できます。

各々の拠出する金額、もともとの給与の額が違うので一概には言えませんが、確定拠出年金を拠出するのは、**4月から**にされた方が効果的だと思われます。

《随時改定の場合》

たとえば、225,000円の給与を支給されている人が、どこかのタイミングに

掛金35,000円を設定し、拠出し始めたとします。

　その場合、その方の給与は190,000円となりますので、標準報酬月額は190,000円となります。このまま、連続した3か月間に支給される給与が同額だった場合、3か月の平均給与は190,000円となりますので、掛け金を拠出した月の給与から5か月目（8月に掛金を拠出した場合は、12月の給与）から社会保険料は減額となります。

《効果のある社会保険料の変更時期について》
　一概にはいえません。各々の拠出する金額、もともとの給与の額が違うからです。現在の自分の給与額及び標準報酬月額を確認して、標準報酬月額が2等級以上下がる程度の掛け金を設定してください。そうすると定時決定（10月支給の給与）を待たずに掛金拠出5か月後には社会保険料を節約することができます。

● その他の税金の削減時期

　選択制確定拠出年金を導入することにより、節約できる税金は社会保険料の他に、労働保険料（労災保険・雇用保険）、源泉所得税、住民税があります。

【労働保険料】
　労働保険料は、給与額に保険料率を掛けて算出しますので、労働保険料の変更時期は掛金を拠出した月からとなります。
　ただし労働保険料は、社会保険料、源泉徴収税、住民税と違って、納付が年に1回、毎年6月1日から7月10日の間です。
　労働保険の保険料は、毎年4月1日から翌年3月31日までの1年間（これを「保険年度」といいます）を単位として計算され、その額はすべての労働者

(雇用保険については、被保険者)に支払われる賃金の総額に、その事業ごとに定められた保険料率を乗じて算定することになっています。

労働保険では、保険年度ごとに概算で保険料を納付し、保険年度末に賃金総額が確定したあとに精算する方法をとっています。

したがって、保険料が節約できたなと実感できるのは、**掛金を拠出した年度の翌年の6月1日から7月10日の間**になります。

【源泉所得税】

源泉所得税も、給与額に保険料率を掛けて算出しますので、源泉所得税の変更時期は掛金を拠出した月からとなります。

【住民税】

住民税は、前年の所得を元に算出され、6月以降に納付することになっています。ですので、変更時期は掛金を拠出した年の翌年の6月からとなります。

変更時期のまとめ

種　類	変更時期
社会保険料	掛金を拠出した月から5か月目の給与（随時改定時） 10月支給の給与（定時決定時）
労働保険料	掛金を拠出した月
源泉所得税	掛金を拠出した月
住民税	翌年の6月

老齢給付金だけではない確定給付年金

老齢給付金

受け取りは原則60歳になったときからです。（ただし年金規約で加入年齢の上限を60歳以上と定めた場合はその年齢）確定給付金の加入者は、60歳以降

にならないと、今までの掛金、その運用益を引き出すことができません。

受取り方法は「年金」として受け取ることも「一時金」として受け取ることも、どちらでも選択できます。

「年金」として受け取る場合は、規約によって若干違いますが、一般的には5年・10年・15年・20年と分割して年金形式で受け取ることになります。「一時金」の場合は、資産残高を一括して受け取ります。

また、「年金」は雑所得扱い（公的年金等控除あり）、「一時金」は退職所得扱い（退職所得控除あり）となり、いずれも税優遇がなされています。

年金受給の場合…公的年金など控除

老齢給付金を年金で受取る場合は雑所得として扱われますが、公的年金と同様に収入金額から控除額を差し引くことが認められています。公的年金等控除額は、年齢および公的年金等の収入金額に応じて計算されます。

一時金受給の場合…退職所得控除

老齢給付金を一時金で受取る場合は退職所得として扱われます。その年に支給された退職手当などの合計額から退職所得控除額を控除した残額の2分の1に相当する額が退職所得として課税されます。

「年金」と「一時金」の比較

	年　金	一時金
支払い方	「5年」「10年」「15年」「20年」と分割	一括
給付時の税金	雑所得（公的年金等控除あり）	退職所得（退職所得控除あり）

また、公的年金の受取開始年齢は、原則として65歳以降となっておりますので、確定拠出年金はもし60歳で退職したとしても、公的年金の受取開始までのつなぎの役割も果たします。

ただし、60歳から老齢給付金の給付を受ける場合は、60歳になった時まで

の加入期間が10年あることが必要です。加入した時期が遅く、60歳になった時点での加入期間が10年に満たない場合は、加入期間に応じて受給開始が遅れます。

加入期間と受給開始年齢のまとめ

60歳になった時の加入期間	受給開始年齢
10年以上	60歳～70歳までの間
8年以上10年未満	61歳～70歳までの間
6年以上8年未満	62歳～70歳までの間
4年以上6年未満	63歳～70歳までの間
2年以上4年未満	64歳～70歳までの間
1か月以上2年未満	65歳～70歳までの間

老齢給付金以外の給付金・一時金

通常60歳になったときに老齢給付金として給付されますが、それ以外でも受け取ることができます。

障害給付金

傷病による障害の状態が一定程度（障害基礎年金の1級または2級の高度障害）に該当するに至った場合に支給されます。60歳未満であっても、今まで拠出した掛金とその利息（運用益）を年金か一時金として受給することができます。

死亡一時金

加入者および加入者であった者が老齢給付金を受給する前に死亡したときに、今まで拠出した掛金とその利息（運用益）を一時金として受給することができます。

遺族の範囲は、配偶者、子、父母、祖父母、または兄弟姉妹か、主として死亡した方の収入により生計を維持していたその他の親族となります。

脱退一時金

　転職時などの資格喪失後に、個人型年金で拠出することが認められない人（国民年金の第3号被保険者〔いわゆる「専業主婦（夫）」〕や公務員など）は、「加入期間が3年以下」または「資産額が50万円以下」であれば、今まで拠出した掛け金とその利息（運用益）を脱退一時金として受給することができます。

確定給付金の給付内容のまとめ

種類	受け取るケース	受取者	受け取る形	税　　金
老齢給付金	加入者が満60歳に達した時	本人	年金または一時金	優遇措置あり ・年金として受給する場合…雑所得課税 ・一時金として受給する場合…退職所得課税
障害給付金	加入者が病気や事故で障害者になった時	本人	年金または一時金	非課税
死亡給付金	加入者が死亡した時	遺族	一時金	相続税課税
脱退一時金	資格喪失後一定の条件を満たした時（※）	本人	一時金	課税優遇なし 一時所得として所得税および住民税課税

（※）退職後、専業主婦や公務員等となり、かつ加入期間が3年以下または年金資産が50万円以下である場合など。

マッチング拠出について

　平成24年1月1日から「従業員拠出（マッチング拠出）の創設」がスタートしました。これは、企業型確定拠出年金をすでに実施されている、もしくはこれから実施される予定の企業において、確定拠出年金の掛金が会社だけでなく、従業員自身も自己資金で追加の掛金を拠出できることになった制度です。

5. 退職金を「積立」て、社員も会社もおトクに

　このマッチング拠出と、「選択制確定拠出年金とはどう違うの？」「会社からも従業員自身も掛金を拠出できるんでしょう？だったらかなり社会保険料の節約できますよね？」と思っていらっしゃる方も多いと思いますが、それは大きな誤解です。「社会保険の節約」にはなりません。

　そもそも、このマッチング制度の目的は「公的年金だけでは不足する老後資金を準備自分自身で頑張って貯蓄してください。頑張っていただく代わりに税制面を優遇します」というものです。

　この制度は、会社が行っている企業型確定拠出年金の掛金に「自分の資産から自分が決めた金額（上限25,500円）」をプラスするというものです。

〈「税制面を優遇」とは〉

　4章で確定拠出年金の簡単な説明をしましたが、もう少し税制面についてお話ししましょう。

　通常、会社からお金を受け取ると、出張旅費、通勤手当等一部の例外を除き基本的には税金（所得税、住民税）が掛かります。一方、確定拠出年金の事業主掛金も会社から掛金という形でお金を受け取っている事には変わりありませんが、税金が掛けられていません。これは、税金が免除されているわけではなく、確定拠出年金に関する税金は、社員の皆さんが引き出す際に課税する事になっているためです。

　確定拠出年金の掛金は、所得税・住民税の課税対象となりません。これは、事業主掛金もマッチング拠出の掛金も同じ扱いです。マッチング拠出の掛金の場合、給与から引き去られている社会保険料などと同様に所得控除の対象となり、課税所得から差し引くことができますが社会保険料の対象となる給与の控除対象ではないのです。

　したがって、マッチング拠出額×源泉所得税率に相当する分だけ税金が少なくなることになります。残念ながら、社会保険料の節約にはならないのです。

選択制確定拠出年金とマッチング拠出の違い

	選択制確定拠出年金		マッチング拠出	
自らが拠出できる最大額	○	最大 51,000 円	△	最大 25,500 円
税金	○	課税対象外	○	課税対象外
社会保険料等	○	社会保険料等の課税対象外	×	社会保険料等の課税対象

● 選択制確定拠出年金の特徴（デメリット）

　掛け金は全額所得控除だし、積立期間中の運用利益に税金かからないし、社会保険料は節約になる……これだけのメリットがあるなんて、初めて聞く方は、「本当ですか？」って思われる方も多いようです。

　ただ選択制確定拠出年金も魔法の制度ではありません。当然デメリットもあります。

　選択制確定拠出年金を導入する大きな目的は、社会保険料の節約です。

　社会保険料は標準報酬月額の等級で決定されます。標準報酬月額は、社会保険料を決定する時だけに使われるものではありません。健康保険の保険給付、厚生年金の保険給付の時にも使われるものです。

　たとえば健康保険の傷病手当金ですが、これは標準報酬日額（標準報酬月額の30分の1）の3分の2が給付額です。積立金を拠出したため、標準報酬月額が30万円から26万円になった人が、傷病手当金を受給する場合、1日あたりの傷病手当金は約900円下がります。

　出産手当金も同様に下がります。また、育児休業給付金、介護休業給付金も休業開始時の給与を基準に計算されますので給付金は減額されます。

失業手当も退職する以前の6か月の給与が基準となるので減額されます。

119ページの松本さんの例で、社会保険料を節約した場合将来もらえる老齢厚生年金の金額がどのくらい下がるかを試算した通り、老齢厚生年金の受給額も下がります。

じゃあ、社会保険料が下がっても、給付金や年金が下がるのなら選択制確定拠出年金は良いとこ無しじゃないか、導入するのはやめようかな……と思われますか？

いろいろな考え方があると思いますが、老齢厚生年金で考えると確かに65歳以降、松本さんは年間約12万円ももらえる金額が少ないのは事実です。15年であれば180万円ももらい損ということになってしまいます。

ただ、減ってしまう年金額と節約できる社会保険料、運用益を複合的に考えると、損をすることは考えられません。

| 下がってしまう年金額 | ＜ | 減額できた社会保険料、源泉所得税等
＋
確定拠出年金の利息（運用益） |

はたして本当に公的年金は、65歳から、約束されている計算式通り、支給されるでしょうか？

松本さんが65歳になる頃には、公的年金の支給開始年齢が70歳まで引き上げられるかもしれません。いえ、おそらくそうなっているでしょう。

確定拠出年金は60歳まで税制優遇を受けて積立することができます。（年金規約で加入年齢の上限を60歳以上と定めた場合はその年齢まで）

65歳で会社を定年後公的年金がもらえるまでの間、自由に使えるお金がで

きるのならむしろメリットだと思いませんか。

選択制確定拠出年金を導入したら…社会保険料節約シミュレーション

選択制確定拠出年金を導入した場合、どれだけ社会保険料が節約できるのでしょうか？

〔例1：平均給与300,000円の社員が掛金40,000円を拠出した場合〕

> うちの会社の平均給与は300,000円です。もし、社員が毎月40,000円掛金を拠出した場合、どのくらい社会保険料を節約できるのでしょうか。
> うちの会社には賞与はありません。

平均給与300,000円の社員が掛金40,000円を拠出した場合

確定拠出年金導入前		
	個人負担分	会社負担分
健康保険	15,000円	15,000円
厚生年金保険	27,000円	27,000円
児童手当拠出金	0円	450円
雇用保険	1,500円	2,550円
労災保険	0円	900円
所得税	7,000円	0円
控除合計	50,500円	45,900円

確定拠出年金導入後		
	個人負担分	会社負担分
健康保険	13,000円	13,000円
厚生年金保険	23,400円	23,400円
児童手当拠出金	0円	390円
雇用保険	1,300円	2,210円
労災保険	0円	780円
所得税	6,000円	0円
控除合計	43,700円	37,780円

節約できる会社負担分の社会保険料：45,900円 − 37,780円 = 8,120円

5. 退職金を「積立」て、社員も会社もおトクに

1人あたり社会保険料約 8,000 円節約することができます。

このような社員さんが「何人」いて「何年」拠出し続けるかを試算したのが以下の表です。

加入者数と加入期間の試算

	1人	20人	50人	100人	200人
1か月	8,000円	160000円	400000円	800000円	1600000円
1年	96,000円	1,920,000円	4,800,000円	9,600,000円	19,200,000円
5年	480,000円	9,600,000円	24,000,000円	48,000,000円	96,000,000円
10年	960,000円	19,200,000円	48,000,000円	96,000,000円	192,000,000円
20年	1,920,000円	38,400,000円	96,000,000円	192,000,000円	384,000,000円
40年	3,840,000円	76,800,000円	192,000,000円	384,000,000円	768,000,000円

1か月あたりでは、1人あたり約 8,000 円の節約にしかなりませんが、200 人の社員さんが、40 年間(入社時から退職時まで)拠出し続けていると約 7 億 648 百万円もの節約をすることができます。

〔例 2：平均給与 300,000 円の社員が掛金 20,000 円を拠出した場合〕

> うちの会社の平均給与は 300,000 円です。もし、社員が毎月 20,000 円掛金を拠出した場合、どのくらい社会保険料を節約できるのでしょうか。
> うちの会社には賞与はありません。

例 1 と平均給与は一緒ですが、掛金が少ない場合のパターンです。

平均給与 300,000 円の社員が掛金 20,000 円を拠出した場合

確定拠出年金導入前		
	個人負担分	会社負担分
健康保険	15,000 円	15,000 円
厚生年金保険	27,000 円	27,000 円
児童手当拠出金	0 円	450 円
雇用保険	1,500 円	2,550 円
労災保険	0 円	900 円
所得税	7,000 円	0 円
控除合計	50,500 円	45,900 円

確定拠出年金導入後		
	個人負担分	会社負担分
健康保険	14,000 円	14,000 円
厚生年金保険	25,200 円	25,200 円
児童手当拠出金	0 円	420 円
雇用保険	1,400 円	2,380 円
労災保険	0 円	780 円
所得税	6,500 円	0 円
控除合計	47,100 円	42,780 円

節約できる会社負担分の社会保険料：45,900 円 − 42,780 円 = 3,120 円
1 人あたり社会保険料約 3,000 円節約することができます。

このような社員さんが「何人」いて「何年」拠出し続けるかを試算したのが以下の表です。

加入者数と加入期間の試算

	1 人	20 人	50 人	100 人	200 人
1 か月	3,000円	60,000円	150,000円	300,000円	600,000円
1 年	36,000円	720,000円	1,800,000円	3,600,000円	7,200,000円
5 年	180,000円	3,600,000円	9,000,000円	18,000,000円	36,000,000円
10 年	360,000円	7,200,000円	18,000,000円	36,000,000円	72,000,000円
20 年	720,000円	14,400,000円	36,000,000円	72,000,000円	144,000,000円
40 年	1,440,000円	28,800,000円	72,000,000円	144,000,000円	288,000,000円

1 か月あたりでは、1 人あたり約 3,000 円の節約にしかなりませんが、200 人の社員さんが、40 年間（入社時から退職時まで）拠出し続けていると約 2 億 9 千万円もの節約をすることができます。

5. 退職金を「積立」て、社員も会社もおトクに

　私（桜井）の経営する会社は今後、選択制確定拠出年金の導入した場合に、どのくらい社会保険料が節約できるのでしょうか。

　拠出する掛金は給与の1割程度と考えていますので、以下の表のように変更となる予定です。

	従業員	現在の給与	現在の標準報酬月額		導入後の給与	掛金	導入後の標準報酬月額
1	Aさん	184,000円	180,000円		164,000円	20,000円	160,000円
2	Bさん	194,000円	190,000円		174,000円	20,000円	170,000円
3	Cさん	214,000円	220,000円		191,000円	23,000円	190,000円
4	Dさん	228,000円	220,000円		205,000円	23,000円	200,000円
5	Eさん	232,000円	240,000円		209,000円	23,000円	200,000円
6	Fさん	234,000円	240,000円		209,000円	25,000円	200,000円
7	Gさん	249,000円	240,000円		224,000円	25,000円	220,000円
8	Hさん	269,000円	260,000円		244,000円	25,000円	240,000円
9	Iさん	288,000円	280,000円		261,000円	27,000円	260,000円
10	Jさん	294,000円	300,000円		264,000円	30,000円	260,000円
11	Kさん	300,000円	300,000円		270,000円	30,000円	280,000円
12	Lさん	326,000円	320,000円		296,000円	30,000円	300,000円
13	Mさん	345,000円	340,000円		312,000円	33,000円	320,000円
14	Nさん	450,000円	440,000円		415,000円	35,000円	410,000円
15	Oさん	470,000円	470,000円		423,000円	47,000円	410,000円
16	Pさん	500,000円	500,000円		453,000円	47,000円	440,000円
17	Qさん	500,000円	500,000円		449,000円	51,000円	440,000円
18	Rさん	520,000円	530,000円		469,000円	51,000円	470,000円
19	Sさん	530,000円	530,000円		479,000円	51,000円	470,000円
20	Tさん	600,000円	590,000円		549,000円	51,000円	560,000円
	合計	6,927,000円	6,890,000円		6,260,000円	667,000円	6,200,000円

【今までの給与に対する会社負担分の社会保険料】

健康保険料：6,890,000 × 5.0% = 344,500 円

厚生年金保険料 6,890,000 × 9.0% = 620,100 円

児童手当拠出金 = 6,890,000 × 0.15% = 10,335 円

合計：344,500 円 + 620,100 円 + 10,335 円 = 974,935 円…①

【導入後の給与に対する会社負担分の社会保険料】

健康保険料：6,200,000 × 5.0% = 310,000 円

厚生年金保険料 6,200,000 × 9.0% = 558,000 円

児童手当拠出金 = 6,200,000 × 0.15% = 9,300 円

合計：310,000 円 + 558,000 円 + 9,300 円 = 877,300 円…②

974,935 円（①）− 877,300 円（②）= 97,635 円

選択制確定拠出年金制度を導入した場合、1 か月あたり約 98,000 円社会保険料を節約することができます。

1 年間で換算すると、98,000 円 × 12 か月 = 1,176,000 円

社員のみなさんが、給与の 1 割程度の金額を選択制確定拠出年金の掛金として拠出した場合、会社は年間約 118 万円の節約ができます。

節約できる金額と年数

	1 か月	1 年	5 年	10 年	20 年	40 年
節約できる金額	98,000円	1,176,000円	5,880,000円	11,760,000円	23,520,000円	47,040,000円

もし、この方法に気がつかず、桜井さんの会社が選択制確定拠出年金を導入しなかった場合、**5 年で社員さん 1 人分位の賃金を損し続けること**になります。

では、社員のみなさんはどのくらい社会保険料を節約できるのでしょうか？

社員が節約できる社会保険料の金額

	従業員	現在負担する社会保険料	導入後負担する社会保険料	差額	一年で節約できる社会保険料	利息換算すると (%)
1	Aさん	25,200円	22,400円	2,800円	33,600円	14.0
2	Bさん	26,600円	23,800円	2,800円	33,600円	14.0
3	Cさん	30,800円	26,600円	4,200円	50,400円	18.3
4	Dさん	30,800円	28,000円	2,800円	33,600円	12.2
5	Eさん	33,600円	28,000円	5,600円	67,200円	24.3
6	Fさん	33,600円	28,000円	5,600円	67,200円	22.4
7	Gさん	33,600円	30,800円	2,800円	33,600円	11.2
8	Hさん	36,400円	33,600円	2,800円	33,600円	11.2
9	Iさん	39,200円	36,400円	2,800円	33,600円	10.4
10	Jさん	42,000円	36,400円	5,600円	67,200円	18.7
11	Kさん	42,000円	39,200円	2,800円	33,600円	9.3
12	Lさん	44,800円	42,000円	2,800円	33,600円	9.3
13	Mさん	47,600円	44,800円	2,800円	33,600円	8.5
14	Nさん	61,600円	57,400円	4,200円	50,400円	12.0
15	Oさん	65,800円	57,400円	8,400円	100,800円	17.9
16	Pさん	70,000円	61,600円	8,400円	100,800円	17.9
17	Qさん	70,000円	61,600円	8,400円	100,800円	16.5
18	Rさん	74,200円	65,800円	8,400円	100,800円	16.5
19	Sさん	74,200円	65,800円	8,400円	100,800円	16.5
20	Tさん	82,600円	78,400円	4,200円	50,400円	8.2
	合計	964,600円	868,000円	96,600円	1,159,200円	14

　この表からわかるように、もし、拠出する金額と同じだけ貯蓄したとして、節約できた金額を「利息」と仮定すると利率が8.5％〜24.3％となります。

　こんな利率の良い貯蓄方法、他にはほとんどありませんよね。

選択制確定拠出年金制度の導入スケジュール

よし、当社でも選択制確定拠出年金制度を導入してみよう！と思われたら、導入に向けてスケジュールを立ててみましょう。

選択制確定拠出年金の導入には労使合意のうえで、厚生労働省の承認が必要となります。この承認をもらうためにやるべきことがたくさんあります。

導入には、最低半年ほどの準備期間が必要です。準備不足にならないよう計画をしっかり練っていきましょう。

スケジュールのイメージ

スタート5か月前	スタート4か月前	スタート3か月前	スタート2か月前	スタート1か月前	制度導入月	導入翌月
制度導入本格検討	運営管理機関の選定	新制度の確定	・年金規約の申請書類の作成 ・年金規約の申請手続き	年金規約の承認	確定拠出年金制度開始	第一回掛金拠出
	就業規則等の見直し		加入者説明会開催		・年金規約承認後の手続き	
	労使交渉	労使合意の取付	従業員（加入者）への投資教育			

導入に至るまでにやること

導入にあたっては、「運営管理機関」「資産管理機関」および「商品提供機関」が必要となります。

運営管理機関の選定

　運営管理機関は確定拠出年金制度を運営する機関のひとつで、会社からの委託により運営管理業務を実施します。運営管理業務は、本来なら自社で行うものですが、自社で行うことができない場合、外部の運営管理機関に委託します。

　運営管理業務には、**運用関連業務**と**記録管理業務**があります。

　運用関連業務とは、運用商品の選定、提示および情報提供をする業務です。

　運用商品の選定、提示の時には元本確保型商品を含めた、リスク・リターン特性の異なる3つ以上の運用商品を**選定**し、それを加入者に**提示**し、3か月に1回は運用の指図（預け替え）の機会を加入者に提供します。加えて、どんな金融商品に投資するかという判断を下すための**情報提供**も、運営管理機関がすることになっています。

　記録関連業務とは、業務に関する書類を管理し、加入者の試算額などの記録・保存・通知・裁定、給付の指示および運用指図の取りまとめです。

　加入者が求めた場合には閲覧させたり、加入者が受給する場合の受給資格の確認を行ったりします。少なくとも年1回は、個人別管理資産額を加入者に通知します。

　一般には銀行、信託銀行、保険会社、農協など金融機関がこれにあたり、平成30年4月1日現在、214社ほどあります。

■「運用管理業務」と「記録管理業務」は同じ機関が行うの？

　実際には運営管理機関A社が加入者に関する記録・保存をし、運営管理機関B社が運用商品についての情報提供をするという分担をしているケースがありますが、「記録と保存」、「運用商品の選定と提示」は一体の業務として法律上に位置づけられていて、別個に行うと責任の所在があいまいになってしまう可能性があることから、加入者に関する記録業務と保存業務を別々の運営管理機関が行ったり、運用商品の選定業務と加入者への情報提供業務を別々の運営管

理機関が進めたりすることは認められていません。

運用関連業務と記録関連業務のまとめ

運用関連業務	(1) 運用商品を選んで加入者に提示する ・リスクとリターンの特性の異なる3つ以上の商品提示（うち1つ以上は預貯金など元本確保型商品） (2) 運用商品に関する情報提供運用関連業務 ・リスクとリターンの商品ごとの特性説明 ・過去10年間の運用実績 ・運用商品に対する加入者の負担する手数料 ・預金保険制度や保険契約者保護機構などの保護の対象の有無や保護内容など
記録関連業務	(1) 加入者ごとの運用記録と管理 ・個人別の資産残高の管理 ・加入者への残高通知 (2) 加入者ごとの運用指図のとりまとめ記録関連業務 (3) 年金の給付に関する事務処理 ・受給資格の確認 ・資産管理機関（企業型の場合）または国民年金基金連合会（個人型の場合）への通知（給付指示）

※「運用関連業務」と「記録関連業務」を別々機関でおこなうことは可。
　ただし、「運用関連業務」および「記録関連業務」の中の業務を2社以上の機関で分割して行うことは不可。

資産管理機関の選定

　資産管理機関とは、加入員の資産管理、加入者からの運用指図に応じた運用財産の保管、運営管理機関からの給付の指示によって、受給権者に年金の給付を行う、いわゆる**資金の流れを一元管理する機関**です。この機関は自社で行うことは絶対にできません。

　もし自社で資産管理業務をしていて、運悪く会社が倒産した場合、企業の資産とごちゃまぜになる可能性がないとはいえません。そうすると加入者の年金資産がきちんと守られないかもしれないからです。

　確定拠出年金法では、企業型を導入する場合には、事業者はかならず資産管

理機関を選んで契約し、掛け金を資産管理機関に払い込んで外部管理しなければならないと義務づけられています（第8条1項）。

年金資産を安全に保全・管理してくれる組織が資産管理機関なのです。

信託銀行、生命保険会社、損害保険会社、農業協同組合連合会などがこれにあたります。普通銀行や証券会社は、資産管理機関になることが認められていません。

確定拠出年金の運営・管理を、運営管理機関と資産管理機関に完全に分割して行うことによって、加入者の個人別管理資産の安全が図られるようになっています。

商品提供機関の選定

商品提供機関とは、**年金資産を運用するための金融商品（定期預金、投資信託、保険証券など）を提供する機関**です。銀行や証券会社などがこれにあたります。

最近は、金融機関が突然破たんしてもおかしくない世の中になってまいりました。万が一、その銀行が破たんしたとしても、そこでの商品が定期預金の場合、元本1000万円とその利息まで保護されますので、ひとつの銀行で1,000万円を超えた段階でそこから先の掛金は別の機関を利用すれば、資産は保護されます。また、信託銀行が破綻しても、信託された財産は信託銀行の固有財産とは分別して管理されているので、法的に全額保護されます。

しかし、保険会社が破綻した場合は、その全額が保護されるわけではなく、保険業法にもとづく保険契約者保護機構による保護は責任準備金の9割を上限とするという定めがあり、さらに減額される可能性もあります。だから確定拠出年金を導入する会社は、金融機関の個別の財務状況や、破綻時に資産がどこまで保護されるかなどを確認して、資産管理機関を決める必要があります。

3機関の関係図

選択制401kを導入した企業 → 掛金 →	資産管理機関	商品提供機関
	加入者の運用指図を元に金融機関に掛金を配分	銀行 / 信用金庫等 / 証券会社 / 生保・損保 / 農協等 / 郵便局

運営管理機関
- 運営関連業務
  ・運用商品の選定
  ・運用商品の提示と情報提供
- 記録関連業務
  ・運用指図の取りまとめ
  ・加入者の資産額などの記録、保存、通知、裁定
  ・給付の指示

加入者 ― 運用指図 → 運営管理機関
運用商品の提示と情報提供 → 加入者
受給開始年齢の受給権者 ― 給付請求 → 運営管理機関
給付決定 → 受給権者
運用指図 → 資産管理機関（加入者の年金資産の管理）
給付請求 → 資産管理機関
商品の購入 → 商品提供機関
年金給付 → 受給権者

３つの機関、どこから手を付ければいいの？

　企業型の確定拠出年金制度の導入については、単独型と、いわゆる総合型の二つの方法があります。

　単独型とは、一つの企業が単独で制度を運営するもので、主に大企業を中心に導入されるケースが多くみられます。自社に最適な制度導入をめざし、単独で年金規約を作成し、運営管理機関や資産管理機関の選定をし、厚生労働省から年金規約の承認を得て、選択制確定拠出年金を導入するという方法です。現実的には、確定拠出年金に関する相当高度な専門知識のある社員で構成された専門部署を持っている一部の大企業でない限り、単独型の導入は難しいと思われます。

　これに対して、総合型とは、中小企業向けとなっており、すでに厚生労働省

から承認されている年金規約を持っている会社を「代表事業主」として、この代表事業主の確定拠出年金に「実施事業主」として参加し、選択制確定拠出年金を導入するという方法です。

単独型に比べ、少なくとも年金規約を一から作成する手間が省けますし、相当高度な専門知識を持った社員も必要ありませんので、導入までの期間と費用を短縮できます。

また、総合型の確定拠出年金制度においては、「代表事業主」企業があらかじめ運営管理機関および資産管理機関を選定済みであり、個々の加入企業が改めてそれらの機関の選定を行う必要はありませんし、選定すること自体できませんので、どの機関を選定して良いのか悩む手間と時間を省くことができます。

単独型と総合型のおおまかな比較

	単独型	総合型
導入までの期間	1〜2年程度以上	最短で3か月
年金規約	新たに作成しなくてはいけない	「代表事業主」と同じものを利用
運営管理機関	新たに選定しなくてはいけない	「代表事業主」と同じものを利用
資産管理機関	新たに選定しなくてはいけない	「代表事業主」と同じものを利用
専門知識	社内に専門部署が必要	あった方が良いが、高度な専門知識は特段必要なし
運用商品	追加をすることが比較的容易	色々な会社が参加しているので、自社に取って良い運用商品でもすぐに追加してくれるかどうかわからない
費用	専門部署設立および運営費用が必要	代表事業主に支払う「初期費用」「年金規約利用料」「運営管理機関手数料」などが必要

「単独型」の場合、専門知識を持った人間を新たに雇う、または今いる従業員さんに教育を受けてもらい専門知識をつけてもらう。そして、今後何十年も

（その会社が存続する限り）専門部署を維持していく……。

専門部署を維持していくためには大変な労力と費用とがかかりますし、年々改正される専門的な知識の習得・更新も必要となります。

手間と時間と費用を考えると「総合型」をお勧めします。

● 就業規則など、規程類の見直し

今後、確定拠出年金制度が導入されると拠出金は給与から天引きすることになります。そのため、給与規程の一部を変更しなくてはいけません。

また、掛金は原則として中断することができませんが、産前産後休暇、育児介護休業など、会社都合以外の無給の休職期間中には拠出金の中断ができるようにするため、就業規則の休職についての条文および育児介護休業規程の条文も変更しなくてはいけません。

新たに「選択制確定拠出年金規程」を作成するため、その旨も就業規則に付け加えなくてはいけません。

・給与規程の変更

160ページの参考資料、「確定拠出年金法並びにこれに基づく政令及び省令について（法令解釈）」をもう一度読み返してください。

その中の（2）のイに、「**企業型年金加入者とならない従業員については、退職手当制度（退職金前払い制度を含む）**[5]が適用されていること」と記載されています。

今後は、今まで「月例給与」と呼ばれていたものを「基本給」と「退職金前

---

[5] 退職金を月例賃金や賞与に上乗せして前払いする制度。従業員から見れば退職金を在職中に受け取る制度です。

払手当(仮称[6])」に分け、「退職金前払手当(仮称)」を選択制確定拠出年金として自分で運用するか、それとも、毎月「基本給」と一緒にもらっていくかどうか自分で決める制度に変更されます。

　それゆえ、「退職金前払手当(仮称)」という支給項目を追加しなくてはいけません。

　選択制確定拠出年金の掛金の限度額は51,000円です。今までの基本給から51,000円を引いたものを新しい基本給としてください。

　この「退職金前払手当(仮称)」は最大で51,000円で、選択制確定拠出年金の拠出をしない人は51,000円、する人は51,000円から掛金を引いた金額となります。たとえば、30,000円掛ける人の「退職金前払手当(仮称)」は21,000円となります。

　以下は、一般的な給与規程の賃金の構成についての条文に「退職金前払手当(仮称)」を追加した場合の例です。

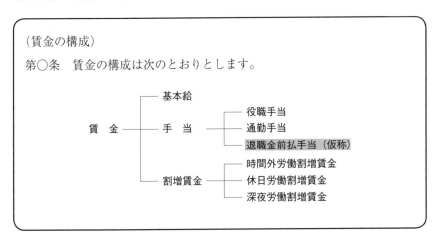

6　この名称は各社で決める。

この条文だけでなく、「退職金前払手当（仮称）」についての取り扱いについても規程に記載する必要があります。

　また、本来、選択制確定拠出年金の掛金は、割増賃金の計算をする時の基礎になる金額に加算するものではありません。ですが、加算しないと選択制確定拠出年金加入者が損してしまいますので割増賃金の計算方法の条文も訂正する必要があります。

（退職金前払手当（仮称））

第○条　退職金前払手当（仮称）は以下のとおり支給する。

退職金前払手当（仮称）は選択制確定拠出年金の掛金および退職金前払金（仮称）から構成される

2　選択制確定拠出年金の掛金および退職金前払金（仮称）の合計額は、月額51,000円とする。

3．選択制確定拠出年金の掛金および退職金前払金（仮称）の組合せは別表のとおりとする。

4　2.に係わらず、60歳以上の者については、別表のコース1しか選択することができない。

5　一旦選択制確定年金に加入した者は別表のコース1を選択することはできない。

6　コースの変更は原則年1回とし、毎年●月拠出分からとする。

7　選択制確定年金の加入時期は申し出た日の属する月の翌月1日とする。

別表

コース	確定拠出年金掛金	退職金前払金（仮称）	コース	確定拠出年金掛金	退職金前払金（仮称）
1	0円	51,000円	14	27,000円	24,000円

2	3,000 円	48,000 円	15	29,000 円	22,000 円
3	5,000 円	46,000 円	16	31,000 円	20,000 円
4	7,000 円	44,000 円	17	33,000 円	18,000 円
5	9,000 円	42,000 円	18	35,000 円	16,000 円
6	11,000 円	40,000 円	19	37,000 円	14,000 円
7	13,000 円	38,000 円	20	39,000 円	12,000 円
8	15,000 円	36,000 円	21	41,000 円	10,000 円
9	17,000 円	34,000 円	22	43,000 円	8,000 円
10	19,000 円	32,000 円	23	45,000 円	6,000 円
11	21,000 円	30,000 円	24	47,000 円	4,000 円
12	23,000 円	28,000 円	25	49,000 円	2,000 円
13	25,000 円	26,000 円	26	51,000 円	0 円

（割増賃金）

第○条　割増賃金は、次の算式により計算して支給する。

$$\frac{基本給＋役職手当＋選択制確定拠出年金の掛金＋退職金前払手当（仮称）}{月額所定労働時間時間} \times 割増率 \times 時間外労働時間数$$

・就業規則の変更

　休職期間中に掛金を中断することができるようにするには、その旨を就業規則に記載しておく必要があります。

　以下は、一般的な就業規則の休職についての条文を変更した場合の例です。

（休職）

第○条　休職期間は次のとおりとしますが、休職事由が消滅または休職す

る期間が満了しても復職できないと会社が判断したときは、自己の都合による当然退職とします。

 (1) 病気療養休職

   ①勤続満1年以上5年未満の者：3か月

   ②勤続満5年以上10年未満の者：6か月

   ③勤続10年以上の者：1年

 (2) 特別休職：その都度会社が認めた期間

 (3) 出向休職：社命による出向期間

2. 前項の休職期間の起算日は、会社が休職命令で指定した日とします。

3. 本条第1項の休職期間にかかわらず、休職は法定外の措置なので、復職の可能性が少ないと会社が判断した場合には、その裁量により休職を認めず、または期間を短縮することがあります。

4. 本条第1項の休職期間満了時に復職できないと会社が判断した場合においても、近い将来復職できる可能性があると会社が判断した場合のみ、その期間を事前に通知して、1回にかぎり延長することがあります。ただし、休職期間を延長し、再度会社が復職できないと判断した場合、延長した期間が満了した日に自己の都合による退職とします。

5. 休職の命令は、同一または類似の事由につき2回までとします。

6. 休職期間中の賃金は支給しません。ただし、会社が特別に認めた場合は有給とする場合があります。==賃金が発生しない休職期間中（会社都合以外の事由によります）は、確定拠出年金の掛金を中断することができます。==

7. 休職期間は、原則として勤続年数に通算しません。ただし、会社の業務の都合による場合および会社が特別な事情を認めた場合は、勤続年数に通算します。

また、「選択制確定拠出年金規程」を作成しなくてはいけないので、以下の

ような条文を新設する必要があります。

> （選択制確定拠出）
> 第〇条　社員の選択制確定拠出については、別途選択制確定拠出規程に定める。

・**育児介護休業規程の変更**

休職期間中に掛金を中断することができるようにするには、その旨を**育児介護休業規程**にも記載しておく必要があります。

以下は、一般的な**育児介護休業規程**の給与等の取扱いについての条文を変更した場合の例です。

> （給与等の取扱い）
> 第〇条　育児・介護休業の期間については、基本給その他の毎月固定的に支払われる給与は支給しない。また、賃金が発生しない育児・介護休業の期間中は、確定拠出年金の掛金を中断することができる。
> 2　賞与については、その算定対象期間に育児・介護休業をした期間が含まれる場合には、出勤日数により日割りで計算した額を支給する。
> 3　定期昇給は、育児・介護休業の期間中は行わないものとし、育児・介護休業期間中に定期昇給日が到来した者については、復職後に昇給させるものとする。
> 4　退職金の算定に当たっては、育児・介護休業をした期間については勤続年数には通算しない。

労使交渉

確定拠出年金制度の導入は、厚生年金保険の被保険者の過半数で組織する労働組合または厚生年金保険の被保険者の過半数を代表する者（以下、組合または過半数代表者という）による同意を前提としています。

このため、組合または過半数代表者に対して制度の概要を説明し、理解を深めてもらう必要があります。この段階で新制度についての修正や要望が出てきた場合、調整が必要となります。

続いて、組合または過半数代表者から厚生年金保険の被保険者全体へ改定内容を説明します。全員が説明を受けられるよう、数回に分けて説明会を行う必要もでてきます。

総合型の選択制確定拠出年金を導入したい場合は、代表事業主の確定拠出年金に「実施事業主」として参加して選択制確定拠出年金を導入する、ということを先述しましたね。

では、具体的にはどうすればいいのでしょうか？

参加するには「代表事業主」の年金規約を変更して、「実施事業主」を追加するため、厚生労働局へ申請するという作業になります。

申請書類の作成

まず、年金規約の変更をするための「同意書」を作成しましょう。

年金規約の変更をするには、変更することについて「厚生労働大臣の承認」を受けなくてはなりません。

5. 退職金を「積立」て、社員も会社もおトクに

　確定拠出年金制度の導入は、組合または過半数代表者による同意を前提ですので、承認申請には、同意書の提出が必要となります。

　この同意書を作成するにあたって、厚生年金保険の被保険者に十分説明し、会社と厚生年金保険の被保険者とが合意をし、この合意に至るまでの経緯を記した「労使協議の経緯書」を作成して地方厚生局への規約の申請時に提出する必要があります。

　規約の申請時には、「同意書」と「労使協議の経緯書」の他、「労働組合の現況について」または「証明書」[7]が必要となります。

　申請をするためには、変更承認申請書に以下の書類を添付して提出します。

- 規約の一部を変更する規約（案）
- 規約変更理由書
- 新旧対照条文
- 確定拠出年金運営管理機関委託契約書（案）
- 運営管理機関の選任理由書
- 資産管理契約書（案）
- 労働組合等の同意書
- 労働組合の現況に関する事業主の証明書または被用者年金被保険者などの過半数を代表する者であることの、事業主の証明書
- 労使合意に至るまでの経緯
- 労働協約・就業規則等
- 賃金規定
- 選択制確定拠出規程

7　「労働組合の現況について」とは、この会社の労働組合が厚生年金保険の被保険者の過半数により組織されていることを会社が証明する書類のこと。「証明書」とは「同意書」に署名捺印した従業員が厚生年金保険の過半数代表者を選出することを明らかにして実施される選挙などにより選ばれた者であることを、会社が証明する書類のこと。

・役員にかかる確定拠出年金実施に関する規程
・育児介護休業規程
・退職金規程
・厚生年金保険適用事業所であることを証明する書類（厚生年金保険料の納入告知書あるいは私学共済組合の掛金納入告知書）

　年金規約変更承認申請書の提出から厚生労働大臣の承認まで、約2か月かかります。

　規約が承認された後、労働基準監督署へ確定拠出年金制度導入に伴う就業規則本則、給与規程、育児介護休業規程、選択制確定拠出規程などの変更届を忘れずに届け出てください。

加入者説明会の開催

　加入者説明会では、社員が加入を希望するかどうか、加入を希望するなら掛金をいくらにするかを決めてもらうことが目的です。

　この説明会ではそもそもこの年金制度はどういうものなのか、加入すればどうなるのか、社員に取って得なのかなど、加入するかどうかの判断をするための情報提供をします。加入者説明会では以下のことの踏まえた説明会としましょう。

・選択制確定拠出年金制度について
・退職後の生活設計
・運用の基礎
・運用商品の知識

投資教育

　企業型確定拠出年金が導入されると、加入者となる社員は自ら運用方針を決定し、運用商品を購入しなければならず、その運用結果について責任を負うことになります。一方で、会社は掛金を拠出した以降の運用責任については負わなくなるため、事後的な追加負担の可能性は生じなくなります。

　ところが、加入者となる社員のほとんどは、リスクのある資産運用経験に乏しく、企業年金運用と同レベルの効率的な運用をいきなり独力で行うのは難しいのが実情です。そこで、会社には社員に対して適切な教育を実施する義務があるとされています。

　投資教育と一口に言っても実施時期により「導入時」教育と「継続」教育に大別することができます。また、教育する内容も「確定拠出年金制度等の具体的な内容」「金融商品の仕組みと特徴」「資産の運用の基礎知識」についてバランスよく提供することが必要です。運用知識の教育は重要ですが、それだけが投資教育でないことに注意しましょう。

導入時教育と継続教育

　投資教育というと、確定拠出年金制度をスタートさせたときに行う教育をイメージしがちです。しかし、多くの社員はリスク商品での投資が未経験であることが多く、制度発足時の一度の説明だけで理解するのは難しいといえます。そのため制度への加入時はもちろん、加入後においても投資教育を適切に行うことが必要です。一般には「導入時教育」と「継続教育」という呼び方をします。

〈導入時教育〉
　加入時には、実際に運用の指図を経験していないことから、確定拠出年金制度における運用の指図の意味を理解すること、具体的な資産の配分が自らできることおよび運用による収益状況の把握ができるように指導します。

〈継続教育〉
　加入後の投資教育は、加入時に基本的な事項が習得できていない者に対する再教育の機会として、また、制度に対する関心が薄い者に対する関心の喚起のためにも極めて重要です。
　加入者が実際に運用の指図を経験していることから、加入前の段階では理解が難しい金融商品の特徴や運用などについても運用の実績データ等を活用し、より実践的かつ効果的な知識の習得ができるように指導します。

投資教育の内容

　企業年金連合会では教育の内容として以下の3つのテーマを掲げています。
（1）　確定拠出年金制度等の具体的な内容
（2）　金融商品の仕組みと特徴
（3）　資産の運用の基礎知識

　それぞれのテーマについては下記のような例示をしています。
（1）　確定拠出年金制度等の具体的な内容
・わが国の年金制度の概要、改正等の動向及び年金制度における確定拠出年金の位置づけ
・確定拠出年金制度の概要（次の（ア）から（キ）までに掲げる事項）
　（ア）　制度に加入できる者とその拠出限度額
　（イ）　運用商品の範囲、加入者等への運用商品の提示の方法及び運用商品の預替え機会の内容

(ウ) 給付の種類、受給要件、給付の開始時期及び給付（年金又は一時金別）の受取方法
(エ) 加入者等が転職又は離職した場合における資産の移換の方法
(オ) 拠出、運用及び給付の各段階における税制措置の内容
(カ) 事業主、国民年金基金連合会、運営管理機関及び資産管理機関の役割
(キ) 事業主、国民年金基金連合会、運営管理機関及び資産管理機関の行為準則（責務及び禁止行為）の内容

(2) 金融商品の仕組みと特徴
・預貯金、信託商品、投資信託、債券、株式、保険商品等それぞれの金融商品についての次の事項
　(ア) その性格又は特徴
　(イ) その種類
　(ウ) 期待できるリターン
　(エ) 考えられるリスク
　(オ) 投資信託、債券、株式等の有価証券や変額保険等については、価格に影響を与える要因等

(3) 資産の運用の基礎知識
・資産の運用を行うに当たっての留意点（すなわち金融商品の仕組みや特徴を十分認識した上で運用する必要があること）
・リスクの種類と内容（金利リスク、為替リスク、信用リスク、価格変動リスク、インフレリスク等）
・リスクとリターンの関係
・長期運用の考え方とその効果
・分散投資の考え方とその効果

項目は多岐におよびますが、ここに掲げたテーマはあくまで少なくとも実施すべき内容であって、これだけ教えればいいという「最低ノルマ」ではないことにご注意ください。

理解を深めていくために必要と考えられる項目があれば、随時追加していきましょう。たとえば、上記の知識を実効性のあるものとするために、ライフプランニングの考え方の理解や運用計画の立て方、見直し方を学ぶなどの項目が考えられます。

導入費用

依頼する運営管理会社によって金額は異なりますが、導入には費用がかかります。一例として以下の表をご参考にしてください。

項　目	費　用
初期導入費用	
企業型導入費用（1社あたり）	100,000 円
口座開設手数料（加入者1名あたり）	3,000 円
投資教育費用（1回2時間）	50,000 円
経常費用（月額）	
一般事業主手数料（1社あたり）	5,000 円
加入者基本手数料（加入者1名あたり）	300 円
資産管理手数料（年額）	5,000 円～50,000 円
収納代行手数料（年額）	3,500 円

社会保険料の節約ではないですが、「節税」のお話

　直接、社会保険料の節約になるわけではありませんが、源泉所得税や住民税の節約になる方法をご紹介します。

　それは、「個人型確定拠出年金」を利用する方法です。

　「確定拠出年金」には「企業型」と「個人型」に2つがあることは説明しましたよね。これは、その中の「個人型」で掛け金を積み立てていくというものです。

　この「個人型確定拠出年金」とは、個人が毎月決まった額の掛け金を積み立て、自分で自分の老後資金を用意するというものです。

　掛け金は自営業者の方は最大で月額 68,000 円、企業年金制度のない会社員の方は最大で 23,000 円となります。

　この制度は、今までは自営業者、会社員のうち、勤務先に企業年金制度のない人しか対象者ではありませんでしたが、法律が改正されれば平成29年から、専業主婦や公務員、勤め先に企業年金制度のある会社員も対象となりました。iDeCo（イデコ／個人型確定拠出年金）制度の拡大です。

【加入資格者と掛け金の年間上限額】

	加入対象者	平成29年以前	平成29年以降	掛金上限額
1	自営業者等	OK	OK	816,000 円
2	企業年金制度のない会社員	OK	OK	276,000 円
3	企業年金制度のある会社員	NG	OK	240,000 円
4	夫が会社員の主婦	NG	OK	276,000 円
5	公務員	NG	OK	144,000 円

※ただし、3は企業年金の種類によって減額されることがあります。

この制度の最大のメリットは掛け金の全額が所得控除（税金の対象から差し引かれる）になることです。税金は収入から様々な控除を引いた課税所得税率をかけて決まりますので、所得控除が増えれば課税所得が減り、節税となります。

> 　私、松本の年収は額面で 6,000,000 円です。
> 　扶養家族は専業主婦の妻と高校生の娘が 1 人です。
> 　私が、個人型確定拠出年金に加入し毎月 23,000 円掛けた場合、加入しなかった場合の差額はいくらくらいでしょうか。
> 　社会保険料控除 62 万円、生命保険料控除 10 万円です。

【個人型確定拠出年金の加入していない場合】

　課税所得とは所得税を算出する時のベースになる金額のことで次の順で計算していきます。まず、松本さんの課税所得を算出してみましょう。

1. 給与所得＝給与収入－給与所得控除
2. 課税所得額＝給与所得－所得控除

給与所得の計算

　まず、「給与所得」を計算します。
　給与所得とは年間収入の金額から給与所得額を差し引いた金額のことをいいます。この金額は計算式が決まっており、給与所得の金額は次の計算式で求めます。

給与所得控除額

収入金額	給与所得控除額
1,625,000 円まで	650,000 円
1,625,001 円から 1,800,000 円まで	年収 × 40%
1,800,001 円から 3,600,000 円まで	年収 × 30% ＋ 180,000 円
3,600,001 円から 6,600,000 円まで	年収 × 20% ＋ 540,000 円
6,600,001 円から 10,000,000 円まで	年収 × 10% ＋ 1,200,000 円
10,000,001 円から 15,000,000 円まで	年収 × 5% ＋ 1,700,000 円
15,000,001 円以上	2,450,000 円

　松本さんの場合、収入金額は 6,000,000 円ですので、給与所得控除は 5,000,000 円（年収）× 20% ＋ 540,000 円 ＝ 1,540,000 円となります。

　そうすると、給与所得の金額は 6,000,000 円（給与収入）－ 1,540,000 円（給与所得控除）＝ 4,460,000 円となります。

課税所得金額の計算

　次に「所得控除額」を計算します。

　課税所得金額とは給与所得の金額から所得控除額を差し引いた金額のことをいいます。所得控除には扶養控除など14種類あります（国税庁ホームページ「所得税及び復興特別所得税の額の計算方法（平成27年分）」参照）。

　松本さんの所得控除の種類および金額は

・社会保険料控除：620,000 円

・生命保険料控除：100,000 円

・配偶者控除：380,000 円

・扶養控除：760,000 円

・基礎控除：380,000 円

の6つがあります。

この6つの金額を足したものが所得控除額となります。

620,000円（社会保険料控除）＋ 100,000円（生命保険料控除）＋ 380,000円（配偶者控除）＋ 760,000円（扶養控除）＋ 380,000円（基礎控除）＝ 2,240,000円

この金額が松本さんの所得控除額となります。

最後に「課税所得金額」を計算します。

課税所得金額は給与所得額から所得控除額を引いたものですので、

4,460,000円（給与所得の金額）－ 2,240,000円（所得控除の合計額＝ 2,220,000円

この金額が松本さんの課税所得金額となります。（1,000円未満端数切捨て）

所得税額の計算

課税所得金額に所得税の税率を適用し、所得税額を算出します。所得税額は、「平成29年分所得税の税額表」で求めます（「所得税及び復興特別所得税の額の計算方法（平成29年分）」図参照）。

平成29年分所得税の税額表〔求める税額＝Ａ×Ｂ－Ｃ〕

Ａ 課税所得金額	Ｂ 税率	Ｃ 控除額
1,000円から1,949,000円まで	5%	0円
1,950,000円から3,299,000円まで	10%	97,500円
3,300,000円から6,949,000円まで	20%	427,500円
6,950,000円から8,999,000円まで	23%	636,000円
9,000,000円から17,999,000円まで	33%	1,536,000円
18,000,000円から39,999,000円まで	40%	2,796,000円
40,000,000円以上	45%	4,796,000円

※ここで算出した所得税額については、端数処理は行いません。

2,220,000 円（課税所得金額）× 税率 10％ − 97,500 円 = <u>124,500 円</u>（所得税額）

松本さんが個人型確定拠出年金に加入していない場合の所得税は 124,500 円となります。

【個人型確定拠出年金の加入している場合】

加入していない場合と加入している場合の違いは、「拠出した確定拠出年金が所得控除となる」ことです。

加入した場合でも、給与所得に違いがありませんが、拠出した 276,000 円が所得控除として認められるので、所得控除額が 2,240,000 円 + 276,000 円 = 2,516,000 円となります。

そうしますと、課税所得税は 4,460,000 円（給与所得の金額）− 2,516,000 円（所得控除の合計額 = <u>1,944,000 円</u>となります。

平成 27 年分所得税の税額表から所得税を計算しますと、
1,944,000 円（課税所得金額）× 税率 5％円 = <u>97,200 円</u>（所得税額）

松本さんが個人型確定拠出年金に加入していない場合の所得税は 97,200 円となります。

個人型確定拠出年金の加入した場合と、しない場合の差額は、124,500 円−97,200 円 = 27,300 円となります。

松本さんの場合ですと掛金の 10％程度の節約になりますが、松本さんより年収の多い方、たとえば年収が 800 万円程度の方が、松本さんと同じ金額を掛けた場合、掛金の 20％程度にあたる 55,000 円位の金額が節約できます。

ちなみに、この節税効果は年収が大きい人ほど有利になります。

もう、すでに生命保険会社の個人年金保険に加入しているから、老後の資金は十分あるよと言われる方もいらっしゃると思います。

しかし、保険会社が提供している**個人年金保険と比較しても節税メリットは高い**です。

個人年金保険の場合、所得控除されるのは支払った保険料の全額ではなく、最大でも所得税は 40,000 円まで、住民税は 28,000 円までしか控除されません（平成 24 年以降の個人年金保険契約の場合）。仮に、年収が 800 万円程度の方が個人年金保険を確定拠出年金と同じ金額（276,000 円）掛けても節税額は 10,000 円程度にしかなりません。

注意すべき点

当然のことながら、この運用方法にも注意すべきことはあります。
- 掛金を「貯金」ではなく「運用」いたしますので運用リスクというものが出てきます。この運用リスクは個人型拠出年金加入者個人が負うことになります。
- 運用には、加入時に 3,000 円程度、毎月 500 円程度の手数料が発生します
- 加入者ごとの運用実績に基づいて年金額が決定するため、老後に受取る年金額が、事前に確定していません。
- 掛金を途中で引き出すことはできません。また、解約返戻金のような制度はありません。
- 原則 60 歳にならないと年金を受け取ることができません。

以上のようなことに注意して、この制度を利用するかどうか判断して下さい。

個人的なお話

これを書いている現在（平成 27 年 11 月）、私自身は個人型確定拠出年金に加入しておりません。ただ、近い将来、この制度に加入しようと思っています。

25 歳で大学を出て、その後約 20 年間は厚生年金のみ加入していました。

そして、社会保険労務士として個人事業主となり現在に至っているわけですが、最初の 2、3 年は国民年金すらまともに払えず、「国民年金保険料免除・納付猶予制度」[8] を利用し、国民年金の納付を減額してもらっていました。です

ので、当時は老後の資金の心配をする余裕などありませんでした。

ごく最近になり、やっと老後の資金のことを思うことができるようになったので、この個人型確定拠出年金の運用を真剣に考えることにしました。

この制度は、国民年金に加入されている自営業者の方にも有効です。

「社会保険料をどうやって節約するか」がテーマの本書ですが、社会保険に入っていない方、たとえば、フリーランスでお仕事していらっしゃる方、専業主婦の方でも節約できることをお伝えしたく、追記させていただきました。

---

8 「国民年金保険料免除・納付猶予制度」とは、年金事務所に申し出て、年金保険料の一部または全額を免除してもらう制度です。年金保険料払えないからと言ってなにも手当をせず「未納」となっていることとは違います。

6. エピローグ

　この本の初版から約2年が経ちました。

　当時、世の中はアベノミクスの話題でいっぱいでしたが、今はマイナンバーの話題が持ちきりです。

　マイナンバー制度が導入されると、銀行の残高を政府が閲覧できるようになるそうです。予定では平成30年1月より、預金口座にマイナンバーを紐付けすることとなります。この時点では、まだ「任意」ですが、平成33年1月には、「義務化」となる予定です。マイナンバーと預金口座が紐付けされると、マイナンバーで収入や財産がすべて把握されてしまいますので、お金があるにもかかわらず、住民税や国民健康保険料、国民年金保険料を払っていない人の銀行口座の差し押さえをしやすくなると言われています。

　平成30年を待たずとも、平成28年分の法定調書（平成29年1月末日提出分）にはマイナンバーの法人番号を記載する必要があります。ですので、厚生年金への加入の必要があるのにもかかわらず、手続きをしていない企業はすぐわかるようになります。

　ここ最近、「年金事務所から、年金に加入しているかどうかのアンケートが来たんだけど、どうしたらいい？」という相談がかなりの勢いで増えています。今（平成27年11月）はまだマイナンバー制度は導入されていませんし、年金事務所の仕事とマイナンバー制度が結びつくのは平成29年からです。年金事務所のアンケート（という名の、年金未加入の会社の洗い出し）はこれからぐんと増えるでしょう。

社会保険労務士の仕事をしていると、「社会保険料が高いから、うちの会社は未加入なんだよ」という会社にお会いすることがあります。

　社会保険未加入だと、会社だけでなく、社員にも不利益なことがいっぱいありますし、未加入の会社を減らすことは私の大事な仕事のひとつです。

　かといって「社会保険料倒産」してしまったら意味がありません。

　未加入の会社を減らすためにも、社会保険料を低く抑えることができ、会社、社員双方に少しでも手元に残る金額が大きくなるようなお手伝いができればいいなあという思いで、本書を書きました。

　会社のための社会保険料節約を主としたテーマとしていますが、社員のみなさんがあまり苦労することなく老後資金を作ることにも触れているつもりです。

　仮に、「ゆとりある老後の生活を送るために月42万円が必要」だとして、この金額を用意することはどのくらい大変なことなのか考えてみましょう。

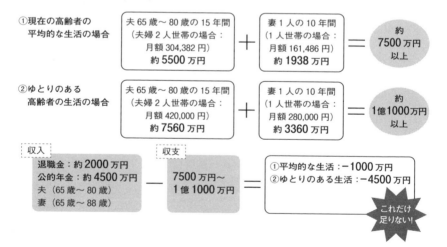

6. エピローグ

　今のままの生活を維持した場合の月30万円という生活費ですが、税などを除いた実際の支出は月26万円程度に目減りしてしまいます。ここには病気や親の介護などの突発的な支出、耐久消費財の買い替えなどは入っていません。
　月30万円の収入では、孫にお年玉をあげたり、年に1回程度の旅行に行くことも賄えません。現実的に、月に30万円の生活費では今までどおりの生活の維持はしづらいですし、年金額も予測した金額より低くなることでしょう。
　実際、今と同じ程度の生活をするために用意しなくてはいけない金額は1,000万円では足りないことが簡単に予測されます。
　この足りない部分を補てんするためにも、社会保険を節約し、その節約した部分を貯蓄、運用に回していただければ社員にとっても「おトク」ではないでしょうか。

　この本を手に取ってくださった方の会社が、もし、まだ社会保険に加入していらっしゃらないのなら、加入する前に社会保険料を節約する方法があるということを知っていただければ幸いです。
　もうすでに加入しているけど、節約したいなあと思っておられる方は、社会保険料の節約をするということが、老後の資金を増やす可能性もあるということに気づいていただければ幸いです。

　みなさんが、不安のない老後を迎えることができますように。
　社長、社員のみなさんが、いつも笑顔でいられるような会社であり続けられることを願っています。

安部田ゆかり　安部田社会保険労務士事務所　代表

1963 年　広島県生まれ。
1989 年　広島大学法学部卒業
ソフトウェア開発会社の管理部門において経理担当者を経て労務担当者として従事し、労務管理、規程作成、社会保険手続、給与計算等すべての労務管理を経験。
また、社内制度設計や業務改善等においても功績を残す。
2009 年　安部田社会保険労務士事務所開業。
得意分野は、労使間のトラブル防止の為の規程作りと社内制度設計作り。労務部門だけでなく、財務・経理部門での経験を活かした数字に強い社労士として経費削減のための提案、助成金診断も得意としている。

お問い合わせ先
安部田社会保険労務士事務所
info@abeta-sr.com

2013年10月25日　初　版　第1刷発行
2016年 2 月24日　改訂版　第1刷発行
2018年 6 月 7 日　　　　　第2刷発行

「社会保険料」の節減（改訂版）

　　　　　　　　　　　　ⓒ著　者　　安部田　ゆかり

　　　　　　　　　　　　　発行者　　脇　坂　康　弘

発行所　株式会社 同友館

〒113-0033　東京都文京区本郷3-38-1
　　　　　　TEL. 03(3813)3966
　　　　　　FAX. 03(3818)2774
　　URL　https://www.doyukan.co.jp/

乱丁・落丁はお取替えいたします。　　　　三美印刷／松村製本所
ISBN 978-4-496-05182-1　　　　　　　　　Printed in Japan